rowohlts monographien
begründet von Kurt Kusenberg
herausgegeben
von Wolfgang Müller und Uwe Naumann

John F. Kennedy

mit Selbstzeugnissen
und Bilddokumenten
dargestellt von
Alan Posener

Rowohlt

Dieser Band wurde eigens für «rowohlts monographien» geschrieben
Den Anhang besorgte der Autor
Herausgeber: Wolfgang Müller
Redaktion: Uwe Naumann
Redaktionsassistenz: Katrin Finkemeier
Umschlaggestaltung: Walter Hellmann
Vorderseite: John F. Kennedy
(Ullstein Bilderdienst, Berlin. Foto: Jochen Blume)
Rückseite: Dallas, 22. November 1963
(dpa Hamburg, Bildarchiv)

Veröffentlicht im Rowohlt Taschenbuch Verlag GmbH,
Reinbek bei Hamburg, März 1991
Copyright © 1991 by Rowohlt Taschenbuch Verlag GmbH,
Reinbek bei Hamburg
Alle Rechte an dieser Ausgabe vorbehalten
Satz Times (Linotronic 500)
Gesamtherstellung Clausen & Bosse, Leck
Printed in Germany
1290-ISBN 3 499 50393 X

4. Auflage. 20.–22. Tausend Juni 1997

Inhalt

Boston   7

Washington   35

Der Weg zum Weißen Haus   59

Camelot   70

1. Beginn   70
2. Die Strategie des Friedens   71
3. Die Politik der Krisen   82
4. Die Schweinebucht   84
5. Vietnam   90
6. Allianz für den Fortschritt und Friedenskorps   96
7. Berlin   100
8. Von der Raketenkrise zum Atomteststopp   104
9. Kennedys Reformen, Kings Revolution   109
10. Camelot   119

Dallas   126

Anmerkungen   139
Zeittafel   147
Zeugnisse   150
Bibliographie   152
Namenregister   158
Über den Autor   160
Quellennachweis der Abbildungen   160

John Fitzgerald Kennedy

Boston

Am 12. August 1944 hob ein amerikanischer Bomber von einem Stützpunkt an der Küste Englands ab. An Bord waren zwei Piloten und zehn Tonnen TNT. Das Flugzeug war eine einzige fliegende Bombe – die größte Bombe, die bis dahin jemals zusammengestellt worden war. Ziel dieser tödlichen Ladung waren deutsche Bunker an der französischen Küste, aus denen die gefürchteten «V1»-Flugbomben auf London abgeschossen wurden. Aufgabe der Piloten war es, das schwere Flugzeug in die Luft und auf Kurs zu bringen, den Zündmechanismus einzustellen und dann abzuspringen. Von da ab sollte der Bomber mit Fernsteuerung ins Ziel geflogen werden. Die Piloten waren Freiwillige, die ihre Chancen realistisch mit «fünfzig zu fünfzig» einschätzten. Der Kopilot hieß Wilford Willy, der Pilot war Joseph Kennedy jr., ältester Sohn des Millionärs und früheren Botschafters der USA in Großbritannien, Joseph Patrick Kennedy. Von Joe jr. hieß es, er werde eines Tages der erste katholische Präsident der USA sein. Die Fernsteuerung wurde eingeschaltet, dann der Zündmechanismus – in diesem Augenblick gab es eine gewaltige Explosion und der Bomber verschwand in einem Feuerball. Von den Piloten fand man nie eine Spur.

Zwei Priester überbrachten dem Vater die Todesnachricht in Hyannis Port, dem Sommersitz der Kennedys. Es war ein warmer Sonntagnachmittag, und die ganze Familie war versammelt. Joseph Kennedy ermahnte die Kinder, besonders gut zu ihrer Mutter zu sein – und auf keinen Fall die für den Nachmittag angesetzten Segelregatten ausfallen zu lassen. Dann schloß er sich in sein Zimmer ein. Der zweitälteste Sohn, John Fitzgerald («Jack») Kennedy, ging nicht wie seine sieben Geschwister zum Segeln. «Jack war dazu nicht in der Lage», erinnerte sich seine Mutter Rose. «Statt dessen ging er stundenlang am Strand vor unserem Haus auf und ab.»[1] * Jack war nun der älteste Sohn – wider Willen der Fackelträger der Hoffnungen seines Vaters. Sein Freund «Red» Fay erinnert sich, daß Jack ihn wenige Wochen später beim Anblick des Vaters anstieß und sagte: *Gott! Da läuft der Alte! Er ist schon dabei, den nächsten Schritt zu*

---

* Die hochgestellten Ziffern verweisen auf die Anmerkungen S. 139 f.

Irische Auswanderer auf dem Weg nach Amerika

planen. Ich bin's jetzt, weißt du. Ich bin dran. Jetzt kommt mein Auftritt.[2]
1957 erzählte John Kennedy einem Reporter: *Es war wie eine Einberufung. Mein Vater wollte, daß der älteste Sohn in die Politik geht. ‹Wollte› ist nicht das richtige Wort. Er verlangte es. Sie kennen doch meinen Vater...*[3]
Und der Zeitschrift «McCall's» sagte der Senator für Massachusetts im gleichen Jahr: *Aus meiner Familie war mein Bruder Joe die logische Wahl für eine politische Karriere, und wenn er gelebt hätte, so wäre ich weiterhin Schriftsteller geblieben... Wenn ich sterben sollte, würde mein Bruder Bob Senator werden wollen, und wenn ihm etwas zustoßen sollte, würde mein Bruder Teddy an unserer Stelle kandidieren.*[4]

Diese Aussage des Vierzigjährigen ist bemerkenswert, nicht allein weil sie aus der Rückschau etwas von Vorahnung zu enthalten scheint; unheimlicher ist der dynastische Gedanke, den diese Bemerkung offenbart – ein Anspruch an sich selbst und ein selbstverständlicher Anspruch auf *eine politische Karriere* für einen Sohn *aus meiner Familie*; ein Anspruch, den der Vater ihnen einimpfte und den die Kinder (auch die Töchter) dergestalt internalisierten, daß sie für uns nur schwer individuelle Konturen und Schicksale gewinnen. Sich selbst scheinen die Kennedys weniger als Individuen zu empfinden denn als Mitglieder der Familie – ihr Selbstwertgefühl hängt von dem Beitrag ab, den sie zum Aufstieg der Kennedy-Dynastie leisten.

Die Wurzeln dieser Dynastie liegen in Irland. Im 19. Jahrhundert lassen dort Großgrundbesitzer – die meisten leben in England – auf ihren Ländereien Getreide anbauen, mit dem das wachsende Industrieproletariat Englands ernährt wird. Die irischen Pächter können sich selten Brot leisten – sie leben von Kartoffeln und wenig sonst. Als im Jahre 1845 eine seltsame Krankheit die Kartoffelernte befällt, die die Knollen über Nacht in eine stinkende schwarze Masse verwandelt, bricht über Irland eine Katastrophe herein. Im «Großen Hunger» sterben eine Million Iren, eine weitere Million flieht – die meisten von ihnen in sogenannten «Sargschiffen» (die Todesrate bei der Überfahrt beträgt zwischen 10 und 20 Prozent) – nach Amerika.

1849 kommen Patrick Kennedy und Bridget Murphy aus der Grafschaft Wexford in Südost-Irland in Boston an, John F. Kennedys Urgroßeltern väterlicherseits. Sie haben sich auf dem Schiff kennengelernt und heiraten bald nach der Ankunft in der Neuen Welt. Patrick, der Bauernsohn, findet gleich im Hafen von Boston Arbeit als Faßbauer. Er stirbt nach zehn Jahren, ohne je den Fuß außerhalb Bostons gesetzt zu haben, und hinterläßt Bridget vier Kinder. Sie schuftet, spart, kauft einen Kurzwarenladen. Sie ist es, die den Fuß auf die erste Sprosse der Leiter nach oben setzt.

Einmal in Amerika, scheinen die Iren den Impetus, den Drang nach Westen zu verlieren. Sie bleiben dort, wo sie an Land gespült worden sind: in den Städten des Ostens, wo aus Kleinbauern ein städtisches Proletariat wird. Fehlt ihnen der amerikanische Pioniergeist, wie ihnen ihre angelsächsischen Kritiker vorwerfen? Eher fehlt ihnen selbst das bescheidene Kapital, das zur Ausrüstung eines Planwagens gehört. Hinzu kommt ihr Clan-Geist, der sie instinktiv die Gemeinschaft ihresgleichen suchen läßt. Vor allem aber spielt der Katholizismus eine Rolle: Dem protestantischen Siedler ersetzen in der Wildnis Bibel und Gewissen die Kirche; für die katholischen Iren aber bleibt die Kirche mit ihrem Ritual, ihren Prozessionen, ihrem Glanz im Elend der Slums wie zu Hause im ländlichen Elend der Mittelpunkt des Lebens, die Priester bleiben ihre geistigen Führer. Die Pioniergrenze («Frontier»), der Westen, bleibt ihnen verschlossen. 111 Jahre nach der Ankunft Patrick Kennedys wird ein Abkömmling dieser Menschen, Präsident John F. Kennedy, Amerika zu einer *New Frontier* rufen, einem unbestimmten neuen «Westen», der die Slums der Großstädte ebenso umfaßt wie den Dschungel Vietnams und die Staubwüsten des Mondes. Aber zuerst heißt es, den prekären Halt am äußersten östlichen Rand dieses unheimlichen Kontinents nicht zu verlieren.

Auch Thomas Fitzgerald, der Urgroßvater mütterlicherseits, ist ein Bauernsohn aus Wexford in Irland – auch für ihn ist der Traum von Land im Westen bald ausgeträumt: In den fünfziger Jahren schlägt er sich als Straßenhändler in den engen Gassen Bostons durch, bringt es schließlich zum Mitinhaber eines Lebensmittelgeschäfts, das abends als Kneipe fungiert.

Die Kneipe ist aus der Geschichte der Iren in Amerika nicht wegzudenken. Wenn es dunkel wird, fliehen die Männer aus den engen Mietwohnungen mit ihren stinkenden Gemeinschaftstoiletten, dem ständigen Kindergeschrei und dem Gejammer der dort Tag für Tag eingesperrten Frauen in das Licht und die Gesellgkeit der Kneipe. Der Alkohol zerstört viele Leben, aber in den Kneipen entsteht jenes System der Solidarität, mit dem sich die Iren in der neuen, feindlichen, von einer WASP-Elite (*weiß, angelsächsisch, protestantisch*) beherrschten Welt durchzusetzen lernen: das System der «Maschine» und der «Bosse».

Von seinem Kneipen-Hinterzimmer aus kümmert sich der Boss um die täglichen Sorgen der Menschen – er besorgt Jobs, vermittelt Kredite, organisiert Ausflüge für die Kinder, «regelt» Sachen mit der Polizei, tröstet Witwen und Waisen. Im Gegenzug verlangt er weiter nichts als die Stimmen «seiner» Leute. Besonders eifrige Helfer werden nach der Wahl mit Posten in der Stadtverwaltung belohnt. In der zweiten Hälfte des 19. Jahrhunderts erobern irische Bosse die Rathäuser von New York, Boston und anderen Großstädten und verwandeln die örtlichen Organisationen der Demokratischen Partei in «Maschinen» zur Beschaffung der erforderlichen Wählerstimmen. Programm und Tradition der Partei sind ihnen herzlich gleichgültig – die Republikanische Partei aber, die Partei Abraham Lincolns, ist fest in den Händen der alteingesessenen Familien, der Saltonstall, Rockefeller, Cabot Lodge. Die Demokratische Partei wird zum Sammelbecken derer, die das WASP-Establishment von der Macht ausschließt: das städtische Proletariat der Ostküste und die weißen Farmer des Südens; liberale jüdische Intellektuelle finden dort ebenso eine Heimat wie katholische (und meistens antisemitische) irische Bosse und fundamentalistische Rassisten aus den Südstaaten, die gegen die Bastardisierung Amerikas durch Schwarze, Juden, Katholiken und Freimaurer wettern.

Über den Rassismus der Einwanderer sagte John F. Kennedy (selbst immer ein Verfechter der Lockerung der Einwanderungsbestimmungen) vor dem American Jewish Committee 1957: *Jede Welle lehnte die nächste ab, mißtraute ihr. Die Engländer sagten von den Iren, sie ‹hielten am Sabbat fest wie überhaupt an allem, was ihnen unter die Finger kam›. Engländer und Iren mißtrauten den Deutschen, die ‹zu hart arbeiteten›. Engländer, Iren und Deutsche lehnten die Italiener ab; und die Italiener waren mit ihren Vorgängern in der Abwertung der Slawen einig...*[5] Kennedy selbst war frei von Rassenvorurteilen, konnte die damit verbundenen Emotionen einfach nicht verstehen. *Ich bin fest davon überzeugt, daß unser religiöser und kultureller Pluralismus über die Jahre eine der Hauptquellen unserer Kraft gewesen ist.*[6] Er begriff wohl nie, wie sehr diese Ressentiments Charakter und Ambitionen seines Vaters – und damit seine eigene

Der Großvater
väterlicherseits:
Patrick J. Kennedy

Karriere – beeinflußt hatten. Joseph P. Kennedys Antisemitismus etwa war aktenkundig: Im Sommer 1938 berichtete der deutsche Botschafter in Großbritannien, Herbert von Dirksen, über seine Gespräche mit Botschafter Kennedy nach Berlin: «Es sei nicht so sehr die Tatsache, daß wir die Juden loswerden wollten, als vielmehr der Lärm, der diese Zielsetzung begleite, der uns schade. Er selbst verstehe unsere Judenpolitik vollkommen; er stamme aus Boston, und dort sei in einem Golfclub und auch in anderen Clubs seit fünfzig Jahren kein Jude aufgenommen worden.»[7] Der Hinweis auf den Golfclub wirkt besonders ironisch, da der vornehme Golfclub in Cohasset bei Boston sich tatsächlich weigerte, Joseph P. Kennedy als Iren aufzunehmen – schon auf der Universität Harvard war er als «Aufsteiger» von den besten Studentenclubs übergangen worden. Die Nichtanerkennung durch die Bostoner Gesellschaft hatte ihn dazu gebracht, die Stadt zu verlassen und abwechselnd in New York, Hollywood, Palm Beach und Hyannis Port zu leben und zu arbeiten, hatte ihn zu seinem berühmten Ausruf bewegt: «Ich wurde hier geboren. Meine Kinder wurden hier geboren. Was zum Teufel muß ich noch tun, um Amerikaner zu werden?»[8]

Joseph Kennedys Vater Patrick J. Kennedy, Sohn der fleißigen Bridget

11

Der Großvater mütterlicherseits: John F. Fitzgerald, Bürgermeister von Boston

Murphy Kennedy, war vom Kneipenwirt zum «Boss» des zweiten Bostoner Wahlbezirks aufgestiegen, war in den Senat von Massachusetts gewählt worden und hatte es als Generalimporteur der britischen Whisky-Firma Haig & Haig sowie Aktionär einer kleinen Bostoner Bank zu einigem Wohlstand gebracht. Die Kennedys gehörten somit zu den sogenannten «Spitzengardinen-Iren», die aus den Slums in die Vororte übersiedelten, wo die «besseren Leute» wohnten. Mit dem Erfolg wuchs auch der Ehrgeiz: Patrick Kennedy beschloß, daß sein Sohn keine katholische Schule besuchen sollte, sondern die berühmte Bostoner Latein-Schule, eine Hochburg der «Brahmanen», wie Bostons WASP-Elite etwas spöttisch genannt wurde, und später die Universität Harvard.

1888 geboren, wuchs Joseph Kennedy in einer Zeit auf, die Mark Twain «das vergoldete Zeitalter» nannte und deren beherrschende Ge-

stalt der Bankier war. Nach Harvard (wo er das Studium der Wirtschafts-
wissenschaften als zu schwer aufgegeben, gleichzeitig aber mit dem
Betrieb eines Omnibusses, der Touristen zu den heiligen Stätten der Revolution fuhr, mehrere tausend Dollar in seiner Freizeit verdient hatte)
arbeitete «Joe» kurz in der Bank seines Vaters und wurde dann stellver-
tretender Bankprüfer des Staates Massachusetts. «Wenn du Geld kriegen
willst», sagte er, «mußt du wissen, wo es ist.»[9] Mit 25 Jahren war er der
jüngste Bankpräsident der USA und gab als Lebensziel unumwunden an:
«Bis fünfunddreißig Millionär sein.»[10] Wie die Ergänzung seines ge-
schäftlichen Erfolgs erschien es, als er am 7. Oktober 1914 die Tochter des
ehemaligen Bürgermeisters der Stadt Boston und anerkannte Führerin
der jungen katholischen Generation, Rose Fitzgerald, zum Altar führen
konnte.

Über Rose Fitzgerald Kennedy schreiben, bedeutet, über die Rolle
nachzudenken, die die Männer dieser irischen Clans ihren Frauen beim
Kampf um einen Platz an der Sonnenseite des Lebens in der Neuen Welt
zudachten. Roses Großmutter väterlicherseits, Rosanna, Frau jenes Thomas Fitzgerald, der aus Irland gekommen war, gebar ihm in 22 Jahren
zwölf Kinder; als sie fünfundvierzigjährig starb, war sie mit dem drei-
zehnten Kind schwanger. Roses Mutter war eine blasse, stets klagende
Gestalt, die kaum Anteil am gesellschaftlichen Leben ihres erfolgreichen
und lebenslustigen Mannes John Fitzgerald nahm, sondern zu Hause bei
den sechs Kindern blieb. Rose aber wollte alles anders machen. Sie war
das älteste Kind, der Liebling des Vaters, den sie abgöttisch liebte. John
Francis Fitzgerald hatte als einer der ersten Iren die Bostoner Latein-
Schule besucht und ein Medizinstudium begonnen, das er jedoch nach
dem Tod des Vaters abgebrochen hatte. Er war in die Politik gegangen
und innerhalb der «Maschine» zum Boss des 6. Wahlbezirks, zum «Napo-
leon vom Nordende» Bostons aufgestiegen. Zusammen mit Männern wie
Patrick Kennedy kontrollierte Fitzgerald die Demokratische Partei in Boston, ließ sich in den Senat von Massachusetts, in den Kongreß der USA
und schließlich, 1906, zum Bürgermeister der Stadt Boston wählen. Er
war äußerst populär, ein Meister der Technik des «fliegenden irischen
Wechsels»: einem Menschen die Hand schütteln, sich gleichzeitig angeregt mit einem zweiten unterhalten, dabei einem dritten mit den Augen
zuzwinkern; er fehlte bei keiner Totenwache, keiner Feier, keinem Ball;
bei jeder sich nur bietenden Gelegenheit stieg er auf einen Tisch und sang
das Lied «Sweet Adeline», das zu seinem Markenzeichen geworden war.
Und an seiner Seite stand Rose – intelligent, redegewandt, schön, leb-
haft; eine Vollblutpolitikerin wie ihr Vater.

Gegen den ausdrücklichen Wunsch der katholischen Kirche schickte
Fitzgerald seine Töchter auf eine öffentliche Schule. Rose sollte danach
Wellesley College besuchen, die erste Hochschule, die Frauen eine den
Männern gleichwertige Ausbildung ermöglichte, ein Zentrum der

Das Geburtshaus John F. Kennedys in Brookline, Massachusetts

Frauenbewegung Amerikas um die Jahrhundertwende. 1907 aber – keine zwei Jahre im Amt – fand sich Fitzgerald mit den Ergebnissen einer Untersuchungskommission konfrontiert, die in allen Bereichen der Stadtverwaltung Verschwendung, Vetternwirtschaft und Korruption (die üblichen Praktiken der «Maschine») entdeckte. In dieser Situation war es nicht ratsam, sich auch noch die katholische Kirche zum Feind zu machen, und Fitzgerald versprach dem Bostoner Erzbischof William O'Connell, Rose in eine Klosterschule zu schicken. So wurde die Zukunft der Tochter auf dem Altar der politischen Opportunität geopfert. Die Verbitterung der Tochter über diesen Verrat des geliebten Vaters kann man sich vorstellen. In einem Interview bekannte die Neunzigjährige: «Am meisten bereue ich, nicht nach Wellesley gegangen zu sein. Mein ganzes Leben lang bin ich darüber ein wenig traurig gewesen.» [11] In der Herz-Jesu-Klosterschule in Blumenthal, Holland, lernte Rose nun, sich ganz dem Willen Gottes unterzuordnen und die Erfüllung ihres Daseins in ihrer zukünftigen Rolle als aufopfernde Ehefrau und Mutter zu sehen.

Falls Rose aber geglaubt haben sollte, mit der Hochzeit und der Emanzipation vom Vater auch dem Schicksal einer irisch-katholischen Frau entronnen zu sein, so wurde sie bald eines anderen belehrt. Als sie aus den Flitterwochen heimkehrte, war Rose schon schwanger; neun Kinder sollten es werden, vier Jungen und fünf Mädchen. Der erste Sohn wurde nach seinem Vater Joseph jr. genannt, der zweite nach seinem Großvater John Fitzgerald Kennedy. Er wurde am 29. Mai 1917 geboren. Sechs Wochen zuvor hatten die Vereinigten Staaten Deutschland den Krieg erklärt.

Sie war furchtbar religiös, sagte John F. Kennedy später von seiner Mutter. *Sie war ein wenig distanziert, ja ist es noch, und ich denke, nur so kannst du überleben, wenn du neun Kinder hast. Ich hielt sie für eine vorbildliche Mutter einer großen Familie.*[12]

Die *große Familie* war allerdings für Jack ein Problem; als Ehemann erklärte er einem Reporter, er strebe keine große Familie an, da sie *Leben wie in einer Anstalt* bedeute, ja *Kinder in einem Gefängnistrakt.*[13] Das Leben in dieser *Anstalt* wurde von Rose mit Hilfe einer Schar von Kindermädchen, Köchinnen, Turnlehrern usw. organisiert – sie hatte ein Karteikartensystem, in dem sie wesentliche Daten wie Krankheiten, Impfungen und Schuhgrößen ihrer Kinder notierte, pinnte Zettelchen an ihre Kleider, um sie an Hausaufgaben und andere Pflichten zu erinnern, sorgte dafür, daß sie pünktlich zum Essen kamen und ihre Gebete aufsagten, setzte Themen fest, über die bei den Mahlzeiten zu diskutieren war, ging mit ihnen in die Kirche. (Am 30. März 1923 vermerkt Rose in ihrem Tagebuch: «Jack war es heute nicht so wichtig, sich einen glücklichen Tod zu wünschen, sondern er meinte, er wolle sich *lieber zwei Hunde* wünschen. Joe kam ungewaschen in die Kirche...»[14])

Der Geist der Familie aber wurde vom Vater, dem «Architekten unseres Lebens», wie Rose ihn nannte[15], geprägt: «Wir wollen keine Verlierer unter uns haben. In dieser Familie wollen wir nur Gewinner ... Werdet nicht Zweiter oder Dritter – das zählt nicht: Ihr müßt gewinnen!»[16] *Ich wuchs in einem sehr strengen Haushalt auf, wo es... nichts umsonst gab und wo von jedem erwartet wurde, daß er sein Bestes gab... Es gab einen ständigen Druck auf jeden, sich zu verbessern.*[17]

Joseph Kennedy war selten zu Hause: Bank- und Börsengeschäfte hielten ihn wochenlang in New Yorker Hotelsuiten fest, die Jahre 1927 bis 1929 verbrachte er zum großen Teil in Hollywood, wo er die Filmgesellschaft RKO (Radio Keith Orpheum) aufzog und eine Romanze mit der Stummfilmdiva Gloria Swanson hatte – eine Affäre, die ihm so ernst war, daß er die katholische Kirche um Dispens bat, um mit der Geliebten leben zu dürfen (er wurde verweigert), die aber Rose schlichtweg nicht zur Kenntnis nahm.

In Abwesenheit des Vaters übernahm Joe jr. zunehmend dessen Funktion gegenüber den jüngeren Kindern. *Joe machte viele Sachen sehr gut,* schrieb Jack in einem Erinnerungsbändchen, *... aber ich habe immer gedacht, daß Joe seinen größten Erfolg als ältester Bruder erzielte. Sehr früh im Leben begann er sich für seine Brüder und Schwestern verantwortlich*

Rose Kennedy mit Joseph jr. (links), Rosemary und John, 1919

zu fühlen... Mir gegenüber, der ich fast gleichaltrig war, bestand diese Verantwortung darin, in allem einen durchweg hohen Maßstab zu setzen... Wenn eines der Kennedy-Kinder es jetzt oder in Zukunft je zu etwas bringen sollte, so wird das, glaube ich, mehr als irgendeinem anderen Faktor Joes Verhalten und seinem stetigen Vorbild zu verdanken sein.[18] *Joes Verhalten* war aber für den jüngeren Bruder zunächst eine fast existentielle Bedrohung. Wegen der kleinsten Vergehen wurde Jack erbarmungslos verprügelt; und der ältere, stärkere Junge forderte den jüngeren, weit schwächeren immer wieder zu Wettkämpfen auf, die er nie gewinnen konnte. Einmal rasten sie auf ihren Fahrrädern in entgegengesetzten Richtungen um das Haus; da keiner nachgeben wollte, kam es zum Zusammenstoß; Jack mußte blutüberströmt ins Krankenhaus eingeliefert werden, wo die klaffende Wunde genäht wurde. Als sein erster Biograph ihn nach Kindheitsproblemen fragte, fiel dem Präsidentschaftskandidaten zunächst nichts ein – dann sagte er: *Joe. Er hatte eine kampflustige Persönlichkeit. Später legte sich das, aber es war ein Problem, als ich ein kleiner Junge war.*[19] Mit Schadenfreude erlebt Jack, wie ältere Schüler einmal den Bruder verprügeln, und schreibt darüber dem Vater: *Die Primaner haben ihn vielleicht versohlt. O Mann, der hatte überall Blasen, die haben ihn fast zu Tode geprügelt... Ich hätte was drum gegeben, Primaner zu sein.*[20]

Kaum weniger problematisch war das *stetige Vorbild* des Bruders, dem

John F. Kennedy und sein Bruder Joseph, 1921

Jack mit dreizehn zunächst auf ein katholisches Internat, ein Jahr später auf das protestantische Elite-Internat Choate folgte (getreu der Familientradition der Fitzgeralds und der Kennedys wurden die Mädchen weiterhin ausschließlich auf katholische Schulen geschickt). *Sie müssen wissen, ich bin keine Leuchte wie mein Bruder Joe,* erzählte er noch seinem Professor in Harvard.[21] Joe war ihm in allem voraus: im Alter, in der Liebe und Achtung des Vaters, intellektuell und – im amerikanischen Schulsystem und zumal für einen Kennedy besonders wichtig – im Sport. Ganz im Gegensatz zum Image des jugendlich-gesunden, robust-sportlichen Mannes, den Kennedy als Präsident ausstrahlte (eines seiner Lieblingswörter war «*vigor*» – *Energie, Spannkraft, Manneskraft*), war Jack von frühester Kindheit schwächlich, litt unter einem angeborenen schwachen Rücken, Allergien, Asthma und immer wiederkehrenden Anfällen einer mysteriösen Krankheit, die ihn – ermattet, abgemagert und entmutigt – oft wochenlang ans Bett fesselte.

In der Erfolgsphilosophie der Kennedys war aber für Schwäche kein Platz – der Gedanke, daß nicht alles machbar, erreichbar war, wenn man es nur richtig anstellte, wurde nicht zugelassen. Wenn man aber nicht umhin konnte, sich selbst eine Schwäche einzugestehen, so durfte sie auf keinen Fall gezeigt werden: «Denk daran», sagte der Vater oft, «es kommt nicht darauf an, was du bist, sondern wofür dich die Leute halten.»[22] Was das bedeutete, konnte Jack an seiner ein Jahr jüngeren Schwester Rosemary sehen, die geistig behindert war. Jahrelang wurde ihr Zustand einfach geleugnet – sie sei eben etwas schüchtern und langsam, hieß es. Als Rosemary aber mit dem verspäteten Eintritt der Pubertät verhaltensauffällig und depressiv wurde, ließ der Vater eine partielle Lobotomie vornehmen – eine Operation, bei der der Stirnpol vom übrigen Gehirn abgetrennt wird. Diese Operation wird heute äußerst selten vorgenommen – abgesehen davon, daß sie in zwei bis sechs Prozent der Fälle tödlich verläuft, ist der Erfolg unsicher, während es in jedem Fall zu schweren Persönlichkeitsstörungen kommt, insbesondere zu einem Antriebsverlust.[23] So war es auch bei Rosemary. Sie wurde in die Obhut der Nonnen von St. Coletta in Wisconsin gegeben. Der Öffentlichkeit wurde weisgemacht, Rosemary habe sich zurückgezogen, um sich der Pflege geistig behinderter Kinder zu widmen! So wurde noch aus Rosemarys Tragödie politisches Kapital für die Familie geschlagen. Geradezu unheimlich aber wirkt die Tatsache, daß es Joseph Kennedy gelang, seine Entscheidung und ihre Folgen vor seiner Frau geheimzuhalten. Erst 1961, nach seinem Schlaganfall, besuchte Rose die Anstalt in Wisconsin und erfuhr die Wahrheit.

Ganz im Sinne dieses zwanghaften Wunschs, das Image der Familie auch um den Preis des Selbstbetrugs zu kontrollieren, wurden Jacks Rückenprobleme immer – auch nach seinem Tod – als Ergebnis eines Unfalls beim Football heruntergespielt; und erst 1976 konnten Joan und

Der «Muckers Club» an der Choate School, 1934/35. Rechts John F. Kennedy, zweiter von links LeMoyne Billings

Clay Blair (trotz Obstruktion durch Senator Edward Kennedy) nachweisen[24], daß es sich bei Jacks geheimnisvollen Zusammenbrüchen um Ausbrüche der Addison-Krankheit handelte, eine oft lebensgefährliche Unterfunktion der Nebennierenrinde, die in Streßsituationen ausgelöst wird und sich in Schwäche und rascher Ermüdbarkeit, gelblicher Pigmentierung der Haut, Gewichtsabnahme, Magen-Darm-Krankheiten, Abnahme der Infektresistenz sowie der Libido und der Potenz äußern kann. Wird die Krankheit nicht richtig behandelt, kann es zur Krise kommen: Schweißausbrüche, Schwindel, Erbrechen, Kollaps.[25] Als Junge wußte Jack allerdings nichts von der Addison-Krankheit, die erst 1947 diagnostiziert wurde, aber er muß wohl geahnt haben, daß etwas mit ihm nicht stimmte. Seinem Schulfreund LeMoyne Billings sagte Jack, er solle eines Tages seine Biographie schreiben – mit dem Titel: *John F. Kennedy – eine Krankengeschichte.*[26] Dennoch (schreibt seine Mutter) «versuchte er, sich einzureden oder wenigstens die anderen glauben zu machen, er sei

Aus dem Tagebuch von John F. Kennedys Europa-Reise, 1937

ein starker, robuster, ganz gesunder Mensch, der nur häufiger krank wurde als andere»[27]. Er spielte mit vollem körperlichem Einsatz Football (und wurde ernsthaft am Rücken verletzt), wurde ein guter Schwimmer und Segler.

Doch die Krankheit zwang ihn immer wieder ins Bett, und so wurde er – als einziger Kennedy – ein eifriger, ja passionierter Leser, besonders von Abenteuer- und geschichtlichen Romanen sowie der Biographien großer

Männer (seine Lieblingsgestalt war König Artus – später sollte das Weiße Haus unter seiner Präsidentschaft die romantisierende Bezeichnung «Camelot» erhalten). An den Vater schreibt der Dreizehnjährige: *Wir lesen «Ivanhoe» in Englisch, und obwohl ich mir materielle Sachen wie Fahrkarten, Handschuhe undsoweiter nicht merken kann, kann ich mir Sachen wie Ivanhoe gut merken, und bei der letzten Arbeit darüber bekam ich 98 %.*[28] Trotz seiner Lesewut blieben Jack Kennedys Leistungen auch auf akademischem Gebiet weit hinter denen des Bruders zurück. Als er die Schule verließ, hatte er Platz 64 von 112 Schülern erreicht. Daß ihn seine Mitschüler zum «Schüler, der es wahrscheinlich am weitesten bringen wird» wählten, zeugt allerdings von seinem Charme (und von einer handfesten Manipulation der Wahl). Für den Direktor der Schule, George St. John, gehörte Jack zu den Jungen, die ständig gegen seine Autorität rebellierten und die er «Muckers» («Schlammschaufler») nannte. Prompt gründete Jack einen «Muckers Club», dessen Vorsitzender er wurde. Als die Sache aufflog, wäre Jack um ein Haar relegiert worden. «Ich kann mich entweder um die Leitung der Schule kümmern oder um Jack Kennedy und seine Freunde», seufzte St. John.[29]

Nach Choate sollte Jack – wie vor ihm Joe – an der London School of Economics bei dem bekannten sozialistischen Politökonomen Harold Laski studieren, mußte das Studium aber wegen Krankheit abbrechen, ebenso wie das Studium an der Universität Princeton, wo er sich – gegen die Familientradition und den Willen des Vaters – angemeldet hatte, um endlich aus dem Schatten Joes herauszutreten, der auch in Harvard brillierte. Schließlich schrieb sich Jack doch 1936 in Harvard ein, wo er im ersten Semester Englisch, Französisch, Geschichte und Volkswirtschaft belegte und in allen Fächern mit «C» (Befriedigend) benotet wurde (außer Volkswirtschaft, wo er die Note «B» erzielte) – und mit gewaltigen Anstrengungen, aber vergeblich, versuchte, in die Schwimm- und Football-Mannschaften der Universität aufgenommen zu werden.

Harvard war in jenen Jahren ein Zentrum intellektueller und politischer Aktivität. Roosevelts Reformen und der Widerstand dagegen, das Experiment des Sozialismus in der Sowjetunion und Stalins brutale Säuberungen, der Sieg faschistischer Regimes in Italien und Deutschland, der Spanische Bürgerkrieg und die zunehmende Gefahr eines neuen Weltkriegs hatten die Studenten radikalisiert und polarisiert. Überall entstanden Clubs, Vereine, Hilfsorganisationen, wurde debattiert und demonstriert. Im Gegensatz zu Joe aber, der sich als Sprecher der Isolationisten profilierte, die Amerika um jeden Preis aus einem europäischen Konflikt heraushalten wollten, nahm Jack Kennedy an diesem politischen Treiben keinen Anteil. Erst nach einer Europa-Reise mit «Lem» Billings im Sommer 1937, die sie durch Frankreich, Spanien und Italien führte, begann er sich mehr für aktuelle Politik zu interessieren, hielt sich aber weiterhin zurück.

Mit Erreichen seines 21. Geburtstags hatte Jack – wie alle Kennedy-

Kinder – einen Treuhandfonds von einer Million Dollar vom Vater geerbt, der nicht nur Millionär, sondern hundertfacher Millionär geworden war – einer der reichsten Männer Amerikas. Joseph Kennedy sagte oft, er habe seinen Kindern mit ihrer finanziellen Unabhängigkeit die Möglichkeit geben wollen, ihm «ins Gesicht zu spucken»; Jack hätte sich entscheiden können, ein bequemes Leben als Playboy, Kunstmäzen oder Börsenspekulant zu führen. Tatsächlich hat er niemals Anstalten gemacht, seine finanzielle Unabhängigkeit wahrzunehmen: Bis zu seinem Tod ließ er alle seine Geschäfte über das New Yorker Büro seines Vaters abwickeln. Und trotz der schulischen Kapriolen war ihm das Leistungsethos der Kennedys zur zweiten Natur geworden: *Glück,* wie er es in Anlehnung an eine klassische griechische Definition formulierte, *ist der volle Gebrauch deiner Kräfte im Streben nach überragenden Leistungen, in einem Leben, das diesen Kräften Raum bietet.*[30]

Nun war die Position, die sein Vater Ende der dreißiger Jahre errungen hatte, allerdings eine, die *diesen Kräften* den größtmöglichen *Raum bieten* konnte: Im Dezember 1937 war Joseph P. Kennedy von Präsident Roosevelt zum Botschafter in Großbritannien ernannt worden. In manchen Kreisen wurde er schon als Präsidentschaftskandidat für die Wahl 1940 gehandelt. 1939 ließ sich Jack von der Universität beurlauben, um seinem Vater in der Botschaft zur Hand zu gehen.

Joseph P. Kennedys Aufstieg war eine Erfolgsgeschichte, wie sie wohl nur in Amerika möglich gewesen ist. Als Bankier, Makler, Finanzberater hatte er entscheidenden Anteil an den Geschicken von Firmen gehabt, die das Lebensgefühl der Amerikaner im 20. Jahrhundert mitgeprägt haben: Hertz-Mietwagen, die Howard Johnson Fast-Food-Kette, Coca-Cola, das Hearst-Zeitungsimperium und die Filmgesellschaft RKO. Außerdem soll der Sohn eines Kneipenwirts und Whisky-Importeurs in der Zeit der Prohibition (Alkoholverbot) ein Vermögen mit der illegalen Einfuhr von Alkohol verdient haben. Sein Insider-Wissen als Anlageberater benutzte Kennedy, um Riesengewinne an der New Yorker Börse zu machen – und vor dem «Schwarzen Freitag» 1929 auszusteigen. Der Börsenkrach und die sich anschließende Depression erschütterten Joseph Kennedy dennoch tief; er hatte sein Lebensziel darin gesehen, im Rahmen des Kapitalismus für sich und seine Familie die unanfechtbare Sicherheit und Freiheit zu erringen, die nur Reichtum bringt – nun schien es, als habe er auf Sand gebaut, als stehe das System des Kapitalismus selbst vor dem Zusammenbruch. In dieser Situation erkannte Kennedy in Franklin Delano Roosevelt den Mann, der den Kapitalismus notfalls auch gegen den Willen der Kapitalisten retten könnte, und unterstützte energisch dessen Kandidatur. (Als Generalimporteur von Haigs Whisky und Gordons Gin profitierte Kennedy außerdem von Roosevelts Vorstoß zur Aufhebung der Prohibition.)

Präsident Roosevelt ernannte den prominenten Börsenspekulanten

Joseph P. Kennedy wird vereidigt zum amerikanischen Botschafter in Großbritannien. Rechts: Präsident Roosevelt

zum Chef der «Securities and Exchange Commission» (SEC), die Richtlinien für eine effektive Kontrolle der Börse und zur Verhinderung solcher Praktiken ausarbeiten sollte, die zum Krach von 1929 geführt hatten – und durch die Joseph Kennedy reich geworden war. Die Ernennung Kennedys, die vom Geheul aller Progressiven im Lande begleitet wurde, war ein Geniestreich Roosevelts, die SEC eine der erfolgreichsten Behörden seines «New Deal». Joseph Kennedy hatte immer als Außenseiter operiert und kannte keine Klassensolidarität – im Gegenteil: *Mein Vater hat mir immer erzählt, daß alle Geschäftsleute Arschlöcher sind.*[31] Für Roosevelts Wiederwahlkampagne 1936 schrieb Joseph Kennedy ein Buch, «I'm for Roosevelt» (bzw. ließ es von Arthur Krock schreiben, dem Kolumnisten der «New York Times». Krock war zwar Jude, aber Kennedys Antisemitismus ging nicht so weit, solche für ihn vorteilhafte Zusammenarbeit abzulehnen. Getreu seiner obsessiven Beschäftigung mit der Kontrolle seines Erscheinungsbildes – sein zweiter Sohn sollte diese «Image-Kontrolle» perfektionieren – pflegte Joe außerdem freundschaftliche Beziehungen sowohl zum «Time»-Herausgeber Henry Luce als auch zum Zeitungsmagnaten William Randolph Hearst.)

Die Kennedys in London, 1939.
Von links: Eunice, John,
Rosemary, Jean, Joseph sr.,
Edward, Rose, Joseph jr.,
Patricia, Robert und Kathleen

Warum Roosevelt Kennedys dringend vorgetragenem Wunsch nach dem Botschafterposten entsprach, ist unklar. Vielleicht wollte er einen möglichen Rivalen außer Landes haben. Vielleicht amüsierte ihn einfach der Gedanke, einen katholischen Iren als «Gesandten an den Hof St. Jakobs» zu schicken. Vielleicht hoffte er, ein Ire würde für das typische Berufsrisiko amerikanischer Botschafter in London, das «Anglisieren», weniger anfällig sein. Gerade hierin aber täuschte sich Roosevelt. Die Kennedy-Familie, die von den «wirklich netten Leuten» in Boston (wie Rose sie nannte) geschnitten worden war, wurde von der englischen Aristokratie mit offenen Armen empfangen. Joe und Rose genossen die Vorstellung bei Hofe, die Einladung zu einem Wochenende auf Schloß Windsor, den Umgang mit den vornehmen und gebildeten Aristokraten der sogenannten «Cliveden-Clique» um Lady Astor. Jacks Schwester Kathleen, hieß es, sei so gut wie verlobt mit William Cavendish, Marquess of Hartington, Erbe des Herzogs von Devonshire – Sproß einer der reichsten und mächtigsten Familien Englands (und übrigens Protestant). Ja,

diese Gesandten der ersten modernen Demokratie der Welt sahen in der englischen Aristokratie geradezu ein Vorbild, eine Bestätigung ihrer eigenen Ambitionen: «Es scheint mir», schrieb Rose in ihr Tagebuch, «daß die Idee einer Familie, die Generation auf Generation in der Regierung dient, wie es auch bei so vielen englischen Familien der Fall ist, eine Vorstellung ist, über die wir nachdenken und die wir in unserem Land fördern sollten.»[32]

Gerade die englische Aristokratie aber, die im Ersten Weltkrieg überproportionale Verluste erlitten hatte, und besonders die «Cliveden-Clique» war das Zentrum jener pazifistischen Strömung, deren politischer Ausdruck die «Beschwichtigungs»-Versuche gegenüber Hitler waren: *Manche, weil sie starke «rechte» Sympathien mit Deutschland hatten, manche, weil sie erkannten, daß ein Krieg das Ende ihrer besonderen Stellung bedeuten würde, und manche, weil sie eine sehr klare Vorstellung davon hatten, was er für England insgesamt bedeuten würde.*[33]

Joseph Kennedy wiederum war Patriotismus ein fremdes Gefühl; seine irische Herkunft ließ ihn die Beteuerungen eines Churchill, Englands Kampf gegen Deutschland sei zugleich die Sache der westlichen Zivilisation gegen die Barbarei, mit Skepsis betrachten; er war Geschäftsmann, und *sowohl in England als auch in Amerika hat es immer starke Einwände der Geschäftswelt gegen Aufrüstung zur Ankurbelung der Wirtschaft oder überhaupt als ökonomischen Stimulus gegeben*[34]; als Katholik und Antisemit war seine Haltung gegenüber faschistischen Ländern wie Deutschland und Italien höchst ambivalent, die von Franco bedrängte republikanische Regierung in Spanien nannte er «einen Haufen Atheisten und Kommunisten»[35]. (Joe jr. hatte den Fall Madrids an der Seite von Franco-Anhängern erlebt, deren Greuelgeschichten über Priestermorde der Regierung er dem Vater in langen Briefen meldete.) Vor allem aber fürchtete Kennedy, daß ein Krieg den Kapitalismus, sein Vermögen und seine Familie zerstören würde: «Ich möchte Sie alle fragen, ob Sie irgendeinen Disput, irgendeine Kontroverse in der Welt heute kennen, die das Leben Ihres Sohnes, die das Leben irgendeines Sohnes wert ist?»[36] So wurde Joseph Kennedy ein Vertrauter des britischen Premierministers Neville Chamberlain und Anhänger seiner «Appeasement»-(Beschwichtigungs) Politik gegenüber Hitler – zu einem Zeitpunkt, da Roosevelt immer klarer erkannte, daß ein Krieg gegen Hitler unausweichlich sein würde und das amerikanische Volk darauf vorzubereiten suchte. Die Appeasement-Politik führte zur Münchener Konferenz (1938), auf der Großbritannien und Frankreich die ČSR zur Abtretung des Sudetenlandes an Nazi-Deutschland nötigten. «München» überzeugte Hitler, daß die westlichen Demokratien auch Polen opfern würden, um einen Krieg zu vermeiden. Als Joseph Kennedy drei Wochen nach dem Münchener Abkommen in einer Rede gegen den «Teufelskreis der Aufrüstung» und für die «Wiederherstellung guter Beziehungen» zwischen den Demokratien und den Diktaturen eintrat[37], waren Roosevelt und seine Berater empört. Jack versicherte ihm in einem Brief aus Harvard, die Rede sei zwar *natürlich unpopulär bei den Juden usw.*, doch sei sie *von allen, die nicht erbittert antifaschistisch sind, für sehr gut befunden worden*[38]; aber die Vertrauensbasis zwischen dem Präsidenten und seinem Botschafter war zerstört.

Im Sommer 1939 unternahm Jack eine Reise durch Frankreich, Deutschland, Polen, die baltischen Staaten, Rußland, die Türkei und Palästina. Er war in London, als Deutschland Polen überfiel, und Joe jr., Kathleen und Jack waren auf der Zuschauergalerie des Parlaments, als Neville Chamberlain am Sonntag, dem 3. September 1939, dem Unterhaus erklärte, daß seine Politik gescheitert war und daß sich Großbritannien im Kriegszustand mit Deutschland befand. In diesem Krieg sollten Joe jr. und Kathleens Mann «Billy» Cavendish fallen, aus ihm sollte Jack als Kriegsheld wider Willen hervorgehen.

Zunächst aber fuhr er nach Harvard zurück und verwertete seine Erfahrungen in einer Abschlußarbeit: *Appeasement in München: Das zwangsläufige Ergebnis der Langsamkeit der britischen Demokratie bei der Abkehr von einer Politik der Abrüstung.* Er schloß «cum laude» ab. Der dienstbeflissene Krock half Jack, aus der Abschlußarbeit ein Buch zu machen, für das Henry Luce persönlich ein Vorwort schrieb. *Why England Slept* (*Warum England schlief*) erschien im Juli 1940, nach dem Fall Frankreichs, und wurde ein Bestseller (40000 Exemplare wurden verkauft). Zum erstenmal war Jack Kennedy aus dem Schatten seines Vaters und seines älteren Bruders herausgetreten. Da dieses Buch das erste und das letzte ist, das John F. Kennedy – fast – allein schrieb (der Titel stammt von Krock, die «Schlußfolgerungen» sind fast wörtlich aus einem Brief des Vaters übernommen), lohnt es sich, das Werk des Dreiundzwanzigjährigen etwas genauer zu betrachten – auch deshalb, weil «München» für die Menschen dieser Generation das Schlüsselerlebnis war: Die Demokratien hatten sich als unfähig erwiesen, der Erpressung durch Hitler zu widerstehen; das Völkerbund-System der «kollektiven Sicherheit» war gescheitert; und die «Beschwichtigungs»-Politik hatte nicht «Frieden in unserer Zeit», sondern Krieg gebracht. Warum war das geschehen – wie ließe sich eine Wiederholung vermeiden? Das waren Fragen, denen sich kein denkender Mensch entziehen konnte. Bei Jack kam hinzu, daß sein eigener Vater jene Politik lautstark unterstützt hatte, die nun so gründlich desavouiert wurde.

Was die Antwort auf die zweite Frage betraf, so war sie konventionell – typisch für die Menschen dieser Generation, weil ihre Logik scheinbar unabweislich war: *Unsere Rüstung muß dem Umfang unserer Verpflichtungen entsprechen. München sollte uns eins lehren: Man wird unseren Bluff durchschauen. Wir können niemandem sagen, er solle sich aus unserer Hemisphäre heraushalten, wenn die Waffen und die Menschen hinter diesen Waffen nicht bereitstehen, diesem Kommando Nachdruck zu verleihen, bis hin zum letzten Schritt – zum Krieg. Es darf keinen Zweifel geben, die Entscheidung muß automatisch sein: Wenn wir debattieren, wenn wir zögern, wenn wir fragen, wird es zu spät sein.*[39] Diese Lektion bleibt für John F. Kennedy bestimmend: Im Kampf um die Präsidentschaft wird er die «Raketenlücke» gegenüber der Sowjetunion beklagen, eine umfassende Aufrüstung und eine Strategie der *flexiblen Antwort* (d. h. der führbaren Kriege) verlangen; als Präsident wird er Amerikas größtes und schnellstes Aufrüstungsprogramm in Friedenszeiten initiieren, in der zweiten Kuba-Krise wird er einen Weltkrieg riskieren, um der Sowjetunion klarzumachen, daß sie *sich aus unserer Hemisphäre heraushalten* soll.

Schwieriger war die Antwort auf die erste Frage. *Dieses Buch ist keine Apologie,* schrieb er[40], und doch fällt es schwer, es anders zu lesen. *Ich glaube, eine Untersuchung der Lage beider Länder wird zeigen, daß Chamberlain selbst dann nicht hätte kämpfen können, wenn er es gewollt*

27

hätte ... München war unausweichlich, schon allein wegen des britischen *Mangels an Rüstung.*[41] *Es ist nicht so, daß ein klapperiger alter Mann völlig «düpiert» wurde. Die Appeasement-Politik war in einem gewissen Sinne realistisch; sie war das unvermeidliche Ergebnis von Bedingungen, die keine andere Entscheidung zuließen.*[42] Warum aber war England 1938 in dieser Lage? Lag hier nicht doch ein Versagen der Regierung Chamberlain vor? Hier windet sich Kennedy, offenbart zugleich einen grundlegenden Zug seines Denkens, das jedes «Entweder – Oder» verabscheut und immer auf ein «Sowohl – Als auch» oder «Einerseits – Andererseits» aus ist; es ist eigentlich das Denken eines kontemplativen Menschen, eines Historikers, eines Fatalisten zudem, nicht eines Politikers: *Bei dieser Diskussion geht es nicht um die Frage pro oder contra Baldwin, pro oder contra Chamberlain. Ich halte es für einen der großen Mängel der Demokratie, daß sie stets versucht, Sündenböcke für ihre eigene Schwäche zu finden.*[43]

Diese *Schwäche*, die *allgemeine Schwäche der Demokratie und des Kapitalismus*[41], macht Kennedy nun für München verantwortlich: *Ich sage also, daß die Schwächen der Demokratie in der Auseinandersetzung mit einem totalitären System groß sind. Die Demokratie ist die überlegene Regierungsform, weil sie auf der Achtung des Menschen als vernünftiges Wesen gründet. Auf lange Sicht also ist die Demokratie überlegen. Aber kurzfristig hat die Demokratie große Schwächen. Wenn sie mit einem System konkurriert, dem die lange Sicht gleichgültig ist, einem System, das hauptsächlich für den Krieg konstruiert ist, ist die Demokratie, die in erster Linie für den Frieden konstruiert ist, im Nachteil. Und die Demokratie muß ihre Schwächen erkennen und ihre Institutionen sichern, wenn sie überleben will.*[45] Zu den *Schwächen* des Systems zählte Kennedy die Kriegsunwilligkeit der Aristokratie und der Kapitalisten sowie der Gewerkschaften, kurz die *Gruppeninteressen*, den Haß auf den Krieg und das angebliche Fehlen einer *Rüstungslobby, wie es eine Lobby für Farmpreise oder Sozialhilfe gibt*[46]. Daß die Demokratie *ihre Institutionen sichern muß*, war eine Floskel, hinter der sich allerdings Konkretes verbarg: *Sie müßte vorübergehend auf ihre demokratischen Privilegien verzichten, wenn sie mit einer Diktatur mithalten wollte... Das bedeutete freiwilliger Totalitarismus, denn schließlich besteht das Wesen des totalitären Staates darin, nicht zuzulassen, daß Gruppeninteressen der nationalen Zielsetzung zuwiderlaufen.*[47] Auf die selbstgestellte Frage aber, ob die britische Regierung die Menschen zur Zivilverteidigung, die Gewerkschaften und örtlichen Behörden zur Zusammenarbeit hätte zwingen sollen, ob ein Streikverbot und eine allgemeine Dienstverpflichtung der Arbeitskräfte richtig gewesen wäre (sämtlich Maßnahmen, die von der Regierung Churchill inzwischen ergriffen worden waren), antwortete Kennedy ausweichend.[48] In Journalistenkreisen zirkulierte der Witz, der Junge hätte lieber ein Buch darüber schreiben sollen «Warum Papa schlief». *Wenn England sicher gewußt hätte, daß es 1940 im Krieg stehen würde, hätte es aufgerüstet.*[49] Aber vor 1938 hatte nur Winston Churchill den Mut gefunden, von der Unvermeidbarkeit eines Krieges mit Hitler-Deutschland zu reden. Später sollte Churchill John F. Kennedys Vorbild und Rollenmodell werden. 1940 aber ist der Sohn des Botschafters nicht bereit, die Rolle einer Kassandra zu übernehmen und seine amerikanischen Leser auf die Unvermeidbarkeit eines amerikanischen Kriegseintritts hinzuweisen. An den Vater schreibt er aus Harvard: *Jeder hier ist immer noch bereit, bis zum letzten Engländer zu kämpfen, aber die meisten haben die fatalistische Einstellung, daß Amerika am Ende doch noch hereingezogen wird, was ziemlich gefährlich ist.*[50]

Im selben Monat, als das Buch erschien, tagte der Nominierungskonvent der Demokraten, bei dem Joe jr. im Namen einer bedingungslosen Neutralität der USA den Widerstand gegen die Wiederaufstellung Roosevelts mit anführte – und scheiterte. Am 5. November 1940 wurde Roose-

Der Autor mit seinem Buch «Why England Slept»

velt als erster (und letzter) Präsident für eine dritte Amtszeit gewählt; am Tag nach der Wahl reichte Botschafter Kennedy seinen Rücktritt ein und gab ein Interview, mit dem er endgültigen politischen Selbstmord beging: «Ich bin bereit, alles, was ich habe, auszugeben, um uns aus dem Krieg zu halten», konnte man am 10. November im «Boston Globe» lesen. «Man nennt mich einen Pessimisten. Ich sage: Worüber soll man sich freuen? Die Demokratie ist erledigt ... Sie ist in England erledigt. Hier vielleicht auch bald.»

Das Ende seiner eigenen politischen Karriere bedeutete für Joseph Kennedy, sich nunmehr ganz auf die Karrieren seiner Söhne zu konzentrieren. Doch ironischerweise zwang der Ruf des ehemaligen Botschafters als Beschwichtiger seine Söhne, wenn sie eine politische Zukunft haben sollten, sich in dem Krieg zu exponieren, den der Vater um jeden Preis von ihnen hatte fernhalten wollen: Die Appeasement-Politik galt zunehmend als schlichte Feigheit vor dem Feind. Sowohl Joe jr. als auch Jack meldeten sich noch vor dem japanischen Angriff auf Pearl Harbor, der die USA endgültig in den Krieg hineinriß. Joe wurde Marineflieger. Jack war untauglich. Doch es gelang dem Botschafter durch seine Beziehungen, dem Sohn einen Posten beim Nachrichtendienst der Marine in Washington zu besorgen, wo er ungefährdet und gelangweilt den Krieg hätte aussitzen können.

Es kam anders. In Washington traf Jack Inga Arvad, die einen größeren Eindruck auf ihn machte als die vielen anderen Mädchen, mit denen er zu tun gehabt hatte, seit die Mitglieder des «Muckers Club» einen gemeinsamen Ausflug in ein Harlemer Bordell unternommen hatten, um ihre Unschuld standesgemäß zu verlieren. (Wie sein Vater, ein bekannter Schürzenjäger, bevorzugte Jack Kennedy Frauen aus dem Showgeschäft: Hollywood-Sternchen, Fotomodelle usw.) *Inga-Binga,* wie er Inga Arvad nannte, war eine dänische Gelegenheitsjournalistin, Filmerin und Lebenskünstlerin; 1935 hatte sie in Berlin Göring, Goebbels und Hitler kennengelernt, der sie «ein vollkommenes Beispiel nordischer Schönheit» nannte und sie einlud, an seiner Seite die Olympischen Spiele 1936 zu besuchen. Schon allein diese Vergangenheit hätte genügt, das FBI auf Inga Arvad aufmerksam zu machen, die inzwischen als Klatschkolumnistin für die «Time-Herald» in Washington arbeitete; hinzu kam, daß ihr Mann verdächtigt wurde, in Mexiko das Auftanken deutscher U-Boote zu organisieren. Ingas Telefon wurde abgehört, ihre Beziehung zu einem Mitarbeiter des Marinenachrichtendienstes wurde beim FBI aktenkundig – John F. Kennedy war nun ein Sicherheitsrisiko. (Ob FBI-Chef J. Edgar Hoover tatsächlich, wie behauptet wird, über Präsidenten und prominente Politiker 48 Akten mit «empfindlichem» Material anlegen ließ, ist nicht sicher, da diese Akten angeblich bei seinem Tod verschwanden. Daß aber eine solche Akte über John F. Kennedy existierte, erscheint sehr wahrscheinlich.[51]) Der junge Offizier wurde schleunigst versetzt –

Die Besatzung der «PT 109», ganz rechts der Kommandant John F. Kennedy

zunächst als Zivilverteidigungsberater nach South Carolina, dann, wieder mit Hilfe der Beziehungen seines Vaters, zur Ausbildung für den aktiven Dienst als Kommandeur eines Torpedo-Bootes.

Am 25. April 1943 übernahm Lieutenant John F. Kennedy auf Tulagi, einer Insel der Solomon-Gruppe im Südpazifik, das Kommando über «PT 109». Die Torpedo-Boote hatten in den schlimmen Tagen nach Pearl Harbor einen fast legendären Status in der Phantasie der meisten Amerikaner erhalten: Von todesmutigen Helden bemannt, preschten sie an die riesigen japanischen Kriegsschiffe heran und versenkten sie mit ihren Torpedos, um anschließend in einer Rauchwolke zu verschwinden. Die Wirklichkeit sah anders aus. Die Boote waren aus Sperrholz gebaut und fuhren mit Flugzeugsprit, so daß jeder Treffer das Boot in einen Feuerball verwandeln konnte, die Torpedos waren veraltete Exemplare aus dem Ersten Weltkrieg, deren Motoren oft nicht liefen oder die nicht explodierten oder in den Abschußrohren heiß liefen und diese in Brand setzten; weil sie leicht sein mußten, hatten die Boote keine schweren Waffen an Bord, um sich gegen Flugzeugangriffe angemessen zu verteidigen. Aus allen diesen Gründen wurden die PTs hauptsächlich gegen die Leichter eingesetzt, mit denen die Japaner ihre Truppen von Insel zu Insel transportierten, und nur nachts. Da aber wenige PTs Radar hatten, waren diese nächtlichen Einsätze selten effektiv. Zu den «Ruhmestaten» der

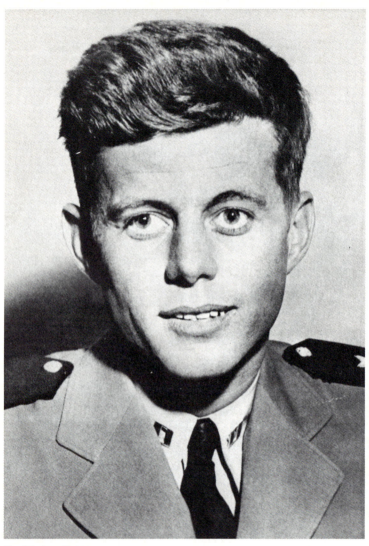

Der Marineoffizier

PTs im Solomon-Archipel gehörten die Versenkung eines amerikanischen Truppentransporters und der Abschuß eines amerikanischen B-25-Bombers. Das waren aber schon Höhepunkte. Meistens war der Einsatz *...mehr oder weniger Routine... Patrouillenfahrt jede zweite Nacht...*[52]

In der Nacht vom 1. auf den 2. August 1943 wurde jedoch die Routine durchbrochen. Kennedys Einheit bekam den Auftrag, vier japanische Zerstörer abzufangen. Fünfzehn PTs wurden bei dieser Aktion eingesetzt, die Robert Bulkely, offizieller Chronist der PT-Einsätze, als «die vielleicht wirrste und ineffektivste Aktion, an der die PTs je beteiligt wurden», bezeichnet.[53] Im Verlauf der Aktion, bei der kein einziges japanisches Schiff beschädigt wurde, wurde PT 109 von dem japanischen Zerstörer «Amagiri» gerammt und in zwei Teile geschnitten. Die Kameraden auf anderen PTs sahen, wie das Flugbenzin explodierte. Sie gingen davon aus, daß die Mannschaft getötet worden war. Tatsächlich waren nur zwei der Männer auf PT 109 getötet worden. Die anderen elf retteten sich nach und nach auf ein Wrackteil, das noch aus dem Wasser herausragte. Kennedy selbst schleppte den Maschinisten Patrick McMahon, der schwere Verbrennungen erlitten hatte und nicht schwimmen konnte, zum Wrack und half einem weiteren Kameraden, Charles Harris. Als es hell wurde, wuchs die Angst der Männer vor der Entdeckung durch japanische Flugzeuge. Kennedy beschloß, daß sie das Wrack verlassen und zu einer nahegelegenen Insel schwimmen sollten. Die Männer hielten sich an einem Balken fest und paddelten die etwa vier Meilen; Kennedy schleppte wieder McMahon, indem er ein Band seiner Rettungsjacke zwischen die Zähne klemmte. Nach vier Stunden hatten sie die Insel erreicht. Noch am selben Abend beschloß Kennedy, mit einer Lampe und einer Pistole hinauszuschwimmen, um eventuell ein PT-Boot auf ihre Lage aufmerksam zu machen. Das Wagnis kostete ihn fast das Leben – er wurde von einer Strömung erfaßt und weit hinausgetrieben, verlor das Bewußtsein (und die Lampe), wurde aber zum Glück gegen ein Riff gespült und erreichte seine Männer am Mittag des nächsten Tages. Im Verlauf der nächsten fünf Tage unternahmen die Männer unter Kennedys Führung verschiedene Versuche, ihre Lage zu verbessern und auf sich aufmerksam zu machen. Sie schwammen zu einer anderen Insel, dann zu einer dritten, die näher an der Hauptfahrrinne gelegen war. Doch am Ende verdankten sie ihre Rettung einem australischen «Küstenwächter» (hinter der nüchternen Bezeichnung verbirgt sich eine gefährliche Spionagetätigkeit hinter den feindlichen Linien), Lieutenant Arthur Evans, der von seinem Posten auf der japanisch besetzten Insel Kolombangara aus das Wrack der PT 109 beobachtet und seine eingeborenen Späher angewiesen hatte, nach Überlebenden Ausschau zu halten. Am fünften Tag nach dem Untergang von PT 109 entdeckten zwei von ihnen, Biuku und Eroni, Kennedys Männer, die am sechsten Tag von zwei Torpedo-Booten abgeholt wurden.

An Bord waren zwei Kriegsberichterstatter. Zwar wurden jeden Tag Schiffe versenkt, Männer getötet, Männer gerettet. Aber ein Kennedy-Sohn, das war etwas Besonderes. Am 10. August konnten die Leser der «New York Times» (Auflage: 400 000) auf der ersten Seite lesen: KENNEDYS SOHN RETTET 10 IM PAZIFIK, NACHDEM ZERSTÖ-

RER SEIN PT-BOOT ZERSCHNEIDET. In der späteren Ausgabe hieß es einfach: KENNEDYS SOHN IST HELD IM SÜDPAZIFIK. Später schrieb John Hersey einen ausführlichen Bericht, der in der Zeitschrift «The New Yorker» und dann in «Reader's Digest» abgedruckt wurde. In den Zeitungsmeldungen sowie in Herseys Bericht (und in den zwei Büchern und dem Hollywood-Film – mit Cliff Robertson als Jack Kennedy – über PT 109) erschien Jack als Held.

In Marinekreisen allerdings fragte man sich, wie es kommen konnte, daß ein wendiges kleines Boot von einem Zerstörer gerammt wurde, und ob es nicht besser gewesen wäre, bei dem Wrack zu bleiben, wo die Männer von Evans und amerikanischen Aufklärungsflugzeugen hätten gesehen werden können. Es muß aber gesagt werden, daß keine solche Kritik von Kennedys Männern je geäußert worden ist. Viele von ihnen waren einfache Leute – Menschen, mit denen Jack Kennedy vor dem Krieg nie zusammengekommen wäre. Und obwohl er als Offizier durchaus Abstand hielt, erzeugte er in allen diesen Männern nicht nur heftige persönliche Loyalität, sondern sogar Liebe.

Er selbst hatte gelernt. Er hatte gelernt, daß er Menschen führen konnte. Und die Todesnähe *machte mir klar, wie wirklich der Krieg ist – und, wenn ich die Zeitungen aus der Heimat lese, wie oberflächlich darüber gedacht und geredet wird. Wenn ich lese, daß wir wenn nötig jahrelang gegen die Japaner kämpfen werden und, wenn es denn sein muß, Hunderttausende opfern werden – dann sehe ich immer gern nach, von wo derjenige redet – es ist selten von hier draußen. Die Leute gewöhnen sich so sehr daran, über Milliarden von Dollars und Millionen von Soldaten zu reden, daß einige tausend Tote wie ein paar Tropfen im Meer klingen. Aber wenn jene Tausende so sehr am Leben hängen wie die zehn, die ich sah – dann sollte man mit Worten sehr, sehr vorsichtig umgehen. Vielleicht wird all das nicht nötig sein, und es läßt sich alles mit Bombenangriffen erledigen.*[54]

Mochten auch seine Vorgesetzten in der Marine, mochte auch Jack Kennedy selbst die Frage seines Heldentums etwas differenzierter betrachten – für die Kennedys war er ein Held. Joe jr. war anwesend bei der Feier zum 55. Geburtstag seines Vaters. Auf dem Höhepunkt des Festes erhob sich ein Gast und brachte einen Toast aus auf «Botschafter Joe Kennedy, Vater unseres Helden, unseres eigenen Helden, Lieutenant John F. Kennedy von der U. S. Marine». In der darauffolgenden Nacht hörte ein Gast, der mit Joe das Zimmer teilte, wie der älteste Kennedy-Sohn im Bett weinte. Plötzlich richtete sich Joe im Bett auf, ballte die Hand zur Faust und flüsterte: «Bei Gott, ich werde es ihnen zeigen!»[55] Am Tag darauf flog Joe nach England. Er sah seine Familie nie wieder.

Washington

Ich kämpfe gegen einen Schatten, und der Schatten wird immer gewinnen[56]
– im Herzen des Vaters war die Überlegenheit des erstgeborenen Sohnes
durch Joes Tod, wie es schien, für immer besiegelt. «Ich bin mir sicher,
daß [Jack] immer bewußt ist, daß er neben seinem eigenen auch Joes
Leben leben muß», schrieb George St. John, Rektor des Internats
Choate, an Rose.[57] Das bedeutete: in die Politik gehen. Die nächste Gelegenheit dazu boten die Kongreßwahlen 1946. Bis dahin durfte der
Name John F. Kennedy nicht aus dem Bewußtsein der Öffentlichkeit verschwinden. Der Vater sorgte dafür, daß sein Freund Hearst den Kriegshelden als Sonderkorrespondent zur Gründungsversammlung der Vereinten Nationen nach San Francisco schickte, um «vom Standpunkt des
Soldaten» zu berichten. Die sechzehn kurzen Berichte Kennedys aus San
Francisco sind sachlich, zuweilen humorig, oberflächlich.

Tieferen Einblick in die Geistesverfassung des Siebenundzwanzigjähri-
gen gibt folgender Brief an einen Freund: *Es wäre sehr leicht, Dir einen
zornigen Brief zu schreiben. Wenn ich denke, wieviel dieser Krieg uns ge-
kostet hat, wenn ich an den Tod von Cy und Peter und Orr und Gil und
Denis und Joe und Billy denke und an all die Tausende und Millionen, die
mit ihnen starben – wenn ich an all die tapferen Handlungen denke, die ich
gesehen habe, die jeder gesehen hat, der im Krieg war – dann läge es sehr
nahe, wenn ich mich enttäuscht, ja in gewisser Weise verraten fühlte. Du
hast Schlachten gesehen, wo Opfer an der Tagesordnung waren; und jene
Opferbereitschaft mit der Furchtsamkeit und Selbstsucht der in San Francisco versammelten Nationen zu vergleichen, muß einen notwendig desillu-
sionieren.* Jedoch (und hier spricht wieder der Mann, der nicht anders
kann, als in den Kategorien «Einerseits – Andererseits» zu denken, der
seinen Emotionen mißtraut und es zu leicht fände, sein Urteil seinem
Zorn zu überlassen): *Die Sache kann nicht von oben aufgezwungen werden. Der internationale Verzicht auf nationale Souveränität müßte vom
Volk her kommen – so stark, daß die gewählten Delegierten ihr Amt verlieren würden, wenn sie ihn nicht durchsetzten... Wir müssen der Wahrheit
ins Auge sehen: Die Menschen sind durch den Krieg nicht in genügendem
Maße entsetzt worden, nicht so, daß sie alles lieber täten als einem weiteren*

Krieg entgegenzusehen... Der Krieg wird solange existieren, bis eines fernen Tages der Kriegsdienstverweigerer aus Gewissensgründen das gleiche Ansehen und Prestige genießt wie der Krieger heute.[58]

Von San Francisco schickte Hearst Kennedy nach London, um über die Wahl zum britischen Unterhaus zu berichten. Als einer der wenigen Beobachter ahnte Kennedy: *Churchill kann die Wahl verlieren.* Denn Churchill *kämpft gegen eine Flut an, die durch Europa rast und überall Monarchien und konservative Regierungen hinwegspült*[59]. Von London aus flog Kennedy (im Dienstflugzeug des Marineministers James Forrestal, eines Freundes der Familie) nach Potsdam, wo die Siegermächte die Nachkriegsordnung Europas aushandelten, kehrte aber bald krank nach Hause zurück. Für Journalismus war ohnehin keine Zeit mehr: Im 11. Bostoner Wahlbezirk stand die Neuwahl des Abgeordneten für das Repräsentantenhaus in Washington an – und der neue Abgeordnete sollte John F. Kennedy heißen.

Da der 11. Bezirk immer demokratisch wählt, ging es nur darum, in der Vorwahl die innerparteiliche Konkurrenz aus dem Rennen zu werfen. Inzwischen hatte Joseph Kennedy einige Vorbereitungen getroffen. Vom Gouverneur hatte er sich zum Chef einer Kommission ernennen lassen, die die wirtschaftliche Situation des Staates Massachusetts untersuchen sollte; so konnte er überall politische Kontakte knüpfen, Informationen bekommen – und überdies den Namen Kennedy aufwerten. Seinen Freund Forrestal überredete er, ein Schiff nach Joe jr. benennen zu lassen – der Stapellauf des Zerstörers «Joseph P. Kennedy, jr.» am 26. Juni 1945 wurde von den Bostoner Zeitungen ebenso aufmerksam verfolgt wie die Gründung der «Joseph P. Kennedy jr.»-Sektion der «Veterans of Foreign Wars» (Kommandeur: John F. Kennedy). Die «Joseph-P.-Kennedy-Stiftung», die kirchliche und Wohltätigkeitseinrichtungen mit Spenden unterstützt, hatte neben ihrer steuertechnischen auch eine politische Funktion: die Kennedys als Wohltäter in der Tradition der Carnegie, Rockefeller usw. herauszustellen. Es wurde – ein Novum in der Bostoner Politik – eine Werbegesellschaft engagiert, um die Wahlkampfmaterialien zu erstellen: Zeitungsannoncen, Werbung in der U-Bahn. Ein Nachdruck des «PT 109»-Artikels aus «Reader's Digest» wurde an alle eingetragenen Wähler des Bezirks verteilt. Joseph Kennedys alte Filmgesellschaft RKO drehte eine Wochenschau, die Kinogängern in ganz Massachusetts den «jungen Kriegshelden» und seine Wahlparole: *«Die neue Generation bietet einen Führer»* nahebrachte. Um die Stimmen für einen der Konkurrenten, den Italo-Amerikaner Joseph Russo, zu spalten, wurde ein zweiter Joseph Russo ausfindig gemacht und ins Rennen geschickt. Für die Frauen des Bezirks wurden «Teeparties mit den Kennedys» organisiert – sechs bis neun pro Abend, bei denen Rose oder eine der Schwestern Eunice, Pat und Jean in der engen guten Stube irgendeiner Wahlhelferin mit den Frauen über Kinder, Küche und Kirche plauderten, während Robert

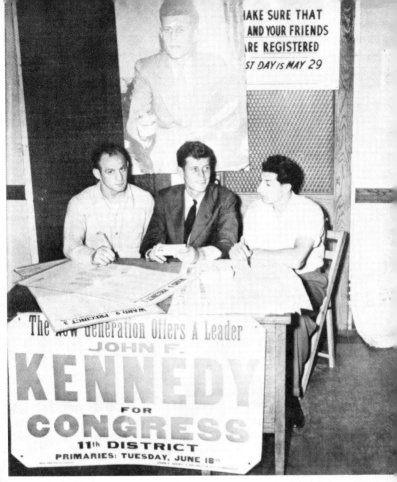

Wahlkampf 1946

(«Bobby») draußen mit den Kindern Football spielte. «Mit dem Geld, das ich hier ausgebe, könnte ich meinen Chauffeur in den Kongreß wählen lassen!» brummte der Vater – geradheraus wie immer und ohne Rücksicht auf die Gefühle seines Sohnes.[60]

Hinzu kam, daß die Namen Fitzgerald und Kennedy im 11. Bezirk Zauberworte waren – 1894 war John F. Kennedys Großvater John («Honey Fitz») Fitzgerald hier in den Kongreß gewählt worden, hier hatte der andere Großvater, Patrick Kennedy, seine Kneipe und seine Bank gehabt. Und doch war der Bezirk für John Kennedy kein leichtes Pflaster. Zu den 328000 Einwohnern zählten nicht nur die liberalen (und Kennedy-feind-

37

lichen) Akademiker von Cambridge, wo die Elite-Hochschulen Harvard, Radcliffe und Massachusetts Institute of Technology liegen, sondern vor allem die irisch- und italienischstämmigen Arbeiter der Werften, Hafenanlagen und Fabriken Bostons. Es war eine Welt, die ihm völlig fremd war. Aber er war entschlossen, sie kennenzulernen.

Er umgab sich mit den alten irischen Profis, die sein Vater und Großvater ausgegraben hatten, stand jeden Morgen um Viertel nach sechs auf und ließ sich jeden Vormittag durch verfallene Wohnungen, Gemüse- und Friseurläden führen, schüttelte Hände, sprach jeden Mittag bei irgendeinem Essen, machte sich nach einem kurzen Mittagsschlaf in seinem Hotelzimmer (er besaß ja keine Wohnung in Boston) wieder auf den Weg, redete abends bei irgendeiner Gesellschaft, ging anschließend in einen italienischen oder irischen Arbeiterclub bis etwa halb zwei in der Nacht. Vier Monate lang gönnte er sich höchstens viereinhalb Stunden Schlaf täglich. Und doch «war es schwer, den Kerl zu verkaufen», erinnert sich «Patsy» Mulkern, einer seiner irischen Mentoren: «Als ich Kennedy das erste Mal traf, hatte er Turnschuhe an. Ich sagte: ‹Um der Liebe Christi willen, Jack, zieh die Turnschuhe aus. Meinst du, du gehst jetzt Golf spielen?› ...Er war krank damals, ein Krüppel überhaupt. Der Kerl hatte furchtbare Schmerzen... Aber das half ihm ein wenig. Mitleid. Die Frauen. Die Frauen! Bei denen geht nichts über Mitleid. Mitleid und Geld dazu!»[61]

Die Wirkung des schüchternen, hilflos wirkenden «Jungen» auf Frauen lernte er bald gezielt einzusetzen. Bei einem Auftritt vor «Gold Star Mothers» (Mütter, die einen Sohn im Krieg verloren hatten) beendete er seine durchaus langweilige Rede mit dem spontanen Satz: *Ich glaube, ich weiß, wie Sie fühlen, denn auch meine Mutter hat einen goldenen Stern.* Ein Berufspolitiker erinnert sich: «So viele Jahre bin ich in der Politik gewesen, in verrauchten Zimmern von Maine bis Anchorage in Alaska, aber diese Reaktion war unglaublich. Er wurde sofort von all diesen Müttern umringt, und ich höre aus dem Hintergrund, wie sie sagen, der erinnert mich an meinen eigenen John oder Joe oder Pat, wen sie auch immer geliebt und verloren hatten. Selbst ich war überwältigt... und ich blieb bei ihm von jenem Tag an bis Dallas.»[62]

Den Höhepunkt der Kampagne bildete ein Empfang der Kennedys im vornehmen «Commander Hotel». Die Gegner höhnten: Das gab es doch nicht, daß ein Kandidat die Wähler(innen) zu sich bat, statt zu ihnen zu gehen! Als aber 1500 Frauen allen Alters in ihren besten Kleidern erschienen, um von den Kennedys mit einer Tasse Tee, einem Händedruck und einem Lächeln empfangen zu werden, verstummte der Hohn. Boston, der Geburtsort der Revolution, hatte wieder eine königliche Familie – eine irische. In ihr war der amerikanische Traum faßbar – nicht der abstrakte Traum von Freiheit und Gleichheit, den die Akademiker drüben in Cambridge träumten, sondern der Traum vom Aufstieg, von der erfolgreichen «Suche nach dem Glück», die Jeffersons Unabhängigkeitserklärung zum Geburtsrecht aller Menschen deklariert hatte. Die Auszählung der Stimmen am Abend der Vorwahl ergab einen Erdrutschsieg für den Kandidaten Kennedy – der sich davongestohlen hatte, um im Kino den Film «Eine Nacht in Casablanca» mit den Marx Brothers zu sehen.

1947 zog der neunundzwanzigjährige Kongreßabgeordnete nach Washington. Er mietete ein Reihenhaus in Georgetown, wo er mit seiner Schwester Eunice, einem Mitarbeiter, einer Köchin und einem schwarzen Diener wohnte, richtete ein Büro im Kapitol ein und bemühte sich nach Kräften, seine Arbeit – die erste regelmäßige Arbeit seines Lebens – gut zu machen. Es fiel ihm nicht leicht: *Ich war schließlich für den Job nicht ausgebildet. Ich hatte ihn mir nicht ausgesucht, und als ich als Abgeordneter anfing, gab es eine Menge Sachen, die ich nicht wußte...*[63]

Der 80. Kongreß war – zum erstenmal seit 1932 – von den Republikanern beherrscht. Im Repräsentantenhaus hatten sie eine Mehrheit von 246 zu 189 Sitzen. Für einen jungen Abgeordneten der Minderheitsfraktion gab es wenig Möglichkeiten, sich zu profilieren: *Wir drüben im Repräsentantenhaus waren doch nur Würmer...*[64] Kennedy hatte aber Glück. Zu einem Zeitpunkt, da die schnelle Demobilisierung von sechs Millionen Soldaten und die Schwierigkeiten der Umstellung auf die Friedensproduktion Wohnungsnot, Angst vor Rezession und Arbeitslosigkeit hervorriefen, erhielt er einen Sitz im Ausschuß für Erziehung und Arbeit. Hier konnte sich der Millionär öffentlichkeitswirksam für Preis- und Mietkontrollen, einen gesetzlichen Mindestlohn, ein staatliches Gesundheitssystem und ein Programm des sozialen Wohnungsbaus für Kriegsheimkehrer einsetzen: *Jeder Veteran, der gesehen hat, wie sich amerikanisches Rüstungsmaterial Welle um Welle auf die Strände der Normandie ergoß; der zusah, wie Inseln im Pazifik gerodet und binnen vier bis fünf Tagen in Landeplätze verwandelt wurden; der die grenzenlose Verschwendung des Krieges gesehen hat und die scheinbar grenzenlose Produktivität, die das Verschwendete ersetzte – ja, wen wundert es, wenn dieser Veteran nicht verstehen kann, daß er kein Dach über dem Kopf hat?*[65]

Solche entschiedene Befürwortung staatlicher Planung hinderte Kennedy nicht, bei anderer Gelegenheit einen Abbau staatlicher Einflußnahme zu fordern: *Der rote Faden, der sich zur Zeit durch die Weltgeschichte zieht, ist die Tendenz zur Überantwortung zentraler Probleme in die allumfassenden Hände des großen Leviathan – des Staates. Wir müssen uns engagieren für die Aufrechterhaltung der Autorität des Volkes, des Individuums, über den Staat.*[66] Es zeigt sich hier jene beunruhigende Fähigkeit, aus seinem Hang zur Kontemplation, zum «Sowohl – Als auch» ein politisches Doppelgesicht zu entwickeln – eine Fähigkeit, die an George Orwells «Doppeldenken» erinnert: «[Die] Gabe, gleichzeitig zwei einander widersprechende Gedanken zu hegen und beide gelten zu lassen.»[67]

Das Haus der Kennedys in Hyannis Port

Etwas Zwiespältiges zeigt sich auch in Kennedys Umgang. Der Demokrat aus New England fühlte sich am wohlsten in der Gesellschaft von Südstaaten-Demokraten wie George Smathers, Lyndon B. Johnson oder John Rankin (einem Rassisten aus Mississippi) – oder Republikanern wie Robert Taft, Richard Nixon und Joseph McCarthy. Für Nixons Wahlkampf gegen die Demokratische Kandidatin, die Schauspielerin Helen Gahager Douglas, die von kalifornischen Liberalen wie dem späteren Präsidenten Ronald Reagan unterstützt wurde, überbrachte Kennedy eine persönliche Spende von 1000 Dollar. Der spätere Kommunistenjäger McCarthy – Ire, Katholik, ehemaliger Demokrat, wie Kennedy und Nixon Neuling im 80. Kongreß – wurde ein persönlicher Freund, führte Kennedys Schwestern Eunice und Pat aus, verbrachte Wochenenden mit der Familie in Hyannis Port. McCarthys Alkoholismus stieß Kennedy zwar ab, sie teilten jedoch die Lust an der Jagd auf hübsche Frauen; und McCarthy, der für sich eine Kriegsheldenlegende aufzubauen versuchte, behauptete zuweilen, auf PT 109 als Schütze mitgefahren zu sein – eine Lüge, die Kennedy nie dementierte.

Vor allem aber wußten beide um die Kraft der antikommunistischen Stimmung, ja Hysterie, die sich seit 1946 im Volk breitmachte. Die entschiedensten und lautstärksten Kommunistenhasser waren gerade katholische Arbeiter und Kleinbürger wie die des 11. Bezirks in Boston, deren Existenzängste sich mit Ressentiments wegen der kommunistischen Verfolgung der Kirche im republikanischen Spanien, in Polen und China und Roosevelts angeblicher Schwäche gegenüber Stalin zu einem Gefühl ohnmächtiger Wut verbanden. *Ich bin gegen Kommunismus, Faschismus,*

Nazismus und Sozialismus! war eine von Kennedys Wahlparolen 1946 gewesen.[68] Und er verstand es, das Außenseitergefühl bei seinen katholischen Zuhörern anzusprechen und in ein Gefühl missionarischer Berufung umzuwandeln: *... bei einem großen Wirtschaftskrach werden wir mehr Marcantonios und Isacsons* (sozialistische Abgeordnete aus New York City) *im Kongreß haben, und eine starke katholische Führung wird entscheidend sein.*[69]

Ganz im Sinne der sogenannten «China-Lobby» um den väterlichen Freund Henry Luce griff Kennedy im Februar 1949 die Politik der (Demokratischen) Regierung Truman an, die zum Ergebnis gekommen war, die korrupte Regierung Tschiang Kai-scheks sei gegen den Ansturm der Bauernarmeen Mao Tse-tungs nicht mehr zu halten: *Unsere Diplomaten und ihre Berater, die Lattimore und Fairbanks, waren so besorgt wegen der Unvollkommenheiten des demokratischen Systems in China nach zwanzig Jahren Krieg und der Geschichten über Korruption in der Regierung, daß sie unser vitales Interesse an einem nichtkommunistischen China völlig aus den Augen verloren... Dies ist die tragische Geschichte Chinas, für dessen Freiheit wir einst kämpften. Was unsere Jungs kämpfend errangen, haben unsere Diplomaten und unser Präsident – verplempert.*[70] Dies war ein Jahr vor McCarthys berüchtigter Rede in Wheeling, West Virginia, in der er behauptete, im Besitz einer Liste mit «Dutzenden» von Verrätern im Außenministerium zu sein (unter ihnen Lattimore und Fairbank), und die als Startschuß jener Hexenjagd auf angebliche kommunistische Verschwörer und ihre Sympathisanten in allen Bereichen des öffentlichen Lebens gilt, die wir «McCarthyismus» nennen.

Fiel dieser Schuß aber wirklich in Wheeling? Schon 1947 hatte Truman seine «Loyalitätsorder» erlassen, die zur Überprüfung von drei Millionen Regierungsangestellten führte, von denen 3000 entlassen wurden oder kündigten (ohne daß in einem einzigen Fall ein förmliches Disziplinarverfahren eingeleitet worden wäre); die Einzelstaaten folgten mit entsprechenden Loyalitätsprogrammen für ihre Beschäftigten, besonders für Lehrende. Im selben Jahr beschloß der Ausschuß für Erziehung und Arbeit des Repräsentantenhauses, den kommunistischen Einfluß in den Gewerkschaften unter die Lupe zu nehmen. Im Wahlbezirk des Ausschußvorsitzenden Charles Kersten wurde das Maschinenbau-Unternehmen Allis-Chalmers seit Monaten von der Automobilarbeitergewerkschaft unter Führung von Harold Christoffel bestreikt. Christoffel leugnete jede kommunistische Beteiligung. Kennedy hatte aber einen Zeugen organisiert – den Renegaten Louis Budenz, ehemaliger Redakteur des KP-Zentralorgans. Budenz identifizierte Christoffel als Kommunisten, der bereits 1941 den Auftrag der kommunistischen Partei gehabt habe, durch einen Streik die Kriegsproduktion bei Allis-Chalmers zu sabotieren, und zwar im Interesse der Sowjetunion, die damals Hitlers Verbündete war. Christoffel wurde des Meineids angeklagt und zu einer Gefängnisstrafe verurteilt. Stolz sagte Adlai Stevenson, Demokratischer Präsident-schaftskandidat 1952: «[Es war] der Abgeordnete Kennedy, nicht Senator Nixon, der es das erste Mal schaffte, einen Kommunisten wegen Meineids vor Gericht zitieren zu lassen.» (1948 versuchte Nixon vor dem «Komitee für Unamerikanische Aktivitäten» nachzuweisen, daß ein ehemaliger Berater im Außenministerium, Alger Hiss, in den dreißiger Jahren Material an die Sowjets weitergeleitet hatte.) Kennedys Auftreten war «wie einer der Schüsse von Concord» (die die amerikanische Revolution einleiteten), jubelte der Republikaner Kersten. «Das war das erste Gefecht zwischen dem Kongreß und der kommunistischen Verschwörung in Amerika.» [71]

Gab es also keinen Unterschied zwischen Kennedy und einem McCarthy, einem Nixon? Vielleicht liegt der Unterschied in dem, was alle, die Kennedy erlebten, als seine leicht ironische Distanz zur Welt schildern, seinen Unwillen, sich mit Leib und Seele für eine Sache zu engagieren – was auch seine beunruhigende Gabe des «Doppeldenkens» erklären könnte. Im Gegensatz zu Kennedy glaubten die Paranoiker McCarthy und Nixon an die Existenz der Verschwörungen, deren Aufdeckung mehr und mehr zum zentralen, verzehrenden Inhalt ihres Lebens wurde. *1946 wußte ich wirklich nichts über diese Dinge*, sagte Kennedy später. *Ich hatte keinen eigentlichen Hintergrund; in meiner Familie interessierten wir uns weniger für die Ideen in der Politik als vielmehr für die Mechanik des ganzen Prozesses.* [72] Vielleicht wäre es richtiger zu sagen, daß Kennedy die Welt der *Ideen*, für die er wie kaum ein anderer Politiker empfänglich war, sorgfältig von den Erfordernissen der politischen *Mechanik* abzutrennen verstand – und auf dem Primat der *Mechanik* bestand: *Was nützen Ideen, wenn man sie nicht gebrauchen kann?* [73]

Wenn man in dieser Fähigkeit, die verschiedenen Seiten seines Denkens, ja seiner Persönlichkeit voneinander abzuschotten – und verschiedenen Menschen jeweils verschiedene Facetten zu zeigen –, nicht nur Opportunismus erblicken will, so mag man sie auch als Ergebnis des Doppellebens sehen, das seine Krankheit und die Ambitionen der Familie ihm ständig aufzwangen. 1947 kam es bei einer Reise nach Europa zum krisenhaften Ausbruch der bis dahin unerkannten Addison-Krankheit. Die Ärzte in London, die – endlich – die richtige Diagnose stellten, gaben dem Dreißigjährigen noch ein Jahr zu leben. Das war nicht übermäßig pessimistisch, denn 1930 betrug die Sterblichkeitsrate innerhalb von fünf Jahren nach Auftreten der Krankheit 95 Prozent. Jedoch war seit etwa 1939 durch die Behandlung mit Cortico-Steroiden, die in Kapseln (Depots) implantiert werden, eine Langzeitbesserung möglich geworden. Seit 1947 bekam Kennedy regelmäßig diese Implantate, die durch die orale Einnahme von Cortison – 25 mg täglich – ergänzt wurden. Damit war es ihm möglich, innerhalb bestimmter Grenzen ein normales Leben zu führen: Er sollte aber große Anstrengungen und Reisen vermeiden;

Blick auf Washington. In der Mitte das Kapitol

und der kleinste chirurgische Eingriff, selbst das Ziehen eines Zahns, konnte lebensgefährlich sein.

Zweifellos hätte ein Addison-Patient in Amerika kaum Chancen gehabt, zum Präsidenten gewählt zu werden. Darum wurde – auch als sein Rivale um die Präsidentschaftsnominierung 1960, Lyndon B. Johnson, Gerüchte um die Addison-Krankheit in Umlauf brachte – weiterhin gelogen: *Ich habe nie die Addison-Krankheit gehabt... und mein Gesundheitszustand ist ausgezeichnet.*[74] *Niemand, der die Addison-Krankheit hat, sollte versuchen, Präsident zu werden. Aber ich habe sie nicht.*[75] Johnson seinerseits wurde wegen seines Alters und seines Herzinfarkts angegriffen: Die Präsidentschaft verlange *die Kraft und die Gesundheit und die Energie junger Männer*[76]. Dem Journalisten Joseph Alsop gestand Kennedy jedoch so etwas wie die Wahrheit: *Die Ärzte sagen, ich hätte eine Art schleichender Leukämie, aber sie sagen, ich werde wahrscheinlich bis 45 durchhalten.*[77] Es war erstaunlich, ja bewundernswert, daß er die Kraft fand, weiterzumachen. Das Gefühl, im Wettlauf mit der Zeit zu stehen, mag erklären, warum er es so eilig hatte. (Frage: Warum müssen Sie mit 42 Jahren diese Spitze – die Präsidentschaft – erklimmen? Antwort: *Wie sagte der Bergsteiger vom Mount Everest? Weil sie da ist.*[78]) Kein Wunder auch, daß er gern das Gedicht des im Ersten Weltkrieg gefallenen Alan Seeger zitierte: «Ich habe ein Rendezvous mit dem Tod».

Zunächst hielt der Tod jedoch sein Rendezvous mit einem anderen Mitglied der Familie: Kathleen. Ihre Ehe mit dem Protestanten William Hartington hatte zur Entfremdung von der Mutter geführt. Nachdem ihr Mann in Frankreich gefallen war, hatte Kathleen beschlossen, in England zu bleiben. Kennedy hatte sie vor Ausbruch seiner Krankheit 1947 in dem irischen Schloß der Familie Hartington besucht. Von dort war er zu einer Reise nach Dunganstown aufgebrochen, wo die Kennedys herkommen. Er hatte ein ganzes Dorf voller Kennedys vorgefunden: *Ich blieb dort ungefähr eine Stunde, umgeben von Hühnern und Schweinen, und kehrte zurück in einem Schwall von Sentimentalität und Nostalgie.*[79] Auf Schloß Lismore hatte Kathleen ihrem Bruder offenbart, daß sie sich wieder verliebt hatte.

Der Mann hieß Peter Milton, Lord Fitzwilliam, war schwerreich, Protestant – und verheiratet. Er war bereit, sich scheiden zu lassen, um Kathleen zu heiraten. Für sie hätte das die Exkommunikation bedeutet. Doch dazu kam es nicht. Am 18. Mai 1948 wollten Kathleen und Fitzwilliam in seinem Privatflugzeug nach Cannes fliegen, wo der Lord einen Reitstall besaß. Das Flugzeug geriet in einen Sturm und raste gegen einen Berg. Der Pilot und die beiden Passagiere waren sofort tot. Kathleens bittere Bemerkung nach dem Tod Billy Hartingtons erscheint wie ein Kommentar zu ihrem eigenen Ende: «Gott hat wohl die Angelegenheit auf Seine eigene Weise erledigt.»[80] Joseph Kennedy flog sofort nach Frankreich, um die Leiche seiner ältesten Tochter zu identifizieren – und um dafür zu sorgen, daß keine Berichte über die Romanze in die Presse kamen; sie hätten den Kennedys im erzkatholischen Boston politisch schaden können. *Das Leben ist unfair...*[81] *Kathleen und Joe hatten diese enorme Vitalität. Die Welt stand ihnen offen. Wenn dir selbst etwas passiert, oder jemandem in der Familie, der ohnehin elend ist, dessen Gesundheit schlecht ist, oder der eine chronische Krankheit hat oder so etwas, dann ist das eine Sache. Aber wenn das Leben eines Menschen, der es voll auskostet, abgeschnitten wird – das ist ein Schock.*[82]

Wie immer war für Trauer bei den Kennedys keine Zeit: «In unserem Haus darf niemand weinen», lautete ein Grundsatz Joseph Kennedys.[83] Trauer wurde durch verstärkte Aktivitäten verdrängt. Das nächste Ziel John Kennedys war der Senat – jenes illustre Gremium, in dem zwei Vertreter aus jedem Staat der Union mit *enormen Vollmachten* die Geschicke der Nation bestimmen – *der exklusivste Club der Welt.*[84] Zwar mußte Henry Cabot Lodge seinen Senatssitz in Massachusetts erst 1952 wieder verteidigen, doch *die Profis warten zu lange. Ich fing viereinhalb Jahre vorher mit dem Wahlkampf an. Mein Gegner, Henry Cabot Lodge, startete erst zwei Monate vor dem Wahltag.*[85] Lodge war ein Sproß der besten Familie Bostons, von der es hieß: «Die Lowells sprechen nur mit den

Teeparty der Kennedys im Wahlkampf 1952

Cabots. Und die Cabots sprechen nur mit Gott.» Kennedys Großvater John Fitzgerald war 1916 gegen Lodges Großvater beim Kampf um den Senatssitz unterlegen. Aber weit entfernt davon, ein *Profi* zu sein, setzte Lodge die Amateur-Tradition der Bostoner Brahmanen in der Politik fort, die sich eher am England des 18. Jahrhunderts orientierte als an den Realitäten der USA im zwanzigsten. «Wir werden Jack wie Seifenpulver verkaufen!» – Joseph Kennedy wußte schon besser, worauf es ankommt.[86] Im wesentlichen war der Wahlkampf um die Herzen der viereinhalb Millionen Einwohner von Massachusetts eine Wiederholung des Wahlkampfs von 1946 – nur eben in größerem Maßstab, was für Kennedy einen noch härteren Einsatz bedeutete. Nach Beendigung der Sitzung im Kapitol am Donnerstagnachmittag bestieg er einen Zug oder ein Flugzeug nach Boston und verbrachte die nächsten drei Tage im Auto. Wie er 1946 die Slums von Boston kennenlernte, mußte er nun die Marktflecken und kleinen Industriestädte, die Fischereihäfen und Farmen von Massachusetts kennenlernen.

Wie 1946 war der Wahlkampf eine Familienangelegenheit. Bobby betätigte sich erstmals als Wahlkampfmanager, und wieder wurden die Kennedy-Frauen eingesetzt: «Wir konzentrierten unsere Anstrengungen auf die Frauen, weil sie in einem Wahlkampf die Hauptarbeit machen. Die Männer reden nur», erklärte Bobby.[87] Allein bei einem Empfang in Boston wurden 8600 Tassen Tee getrunken; insgesamt nahmen 50000 Frauen an Empfängen und Teeparties der Kennedys teil. Joseph Kennedy agierte hinter den Kulissen: 1952 hatten die Republikaner den Kriegshelden und NATO-Oberkommandierenden General Dwight D. Eisenhower als Präsidentschaftskandidaten aufgestellt – sehr zum Verdruß des rechten Flügels der Partei, dessen Kandidat, «Mr. Republican» Robert Taft, zum drittenmal übergangen worden war. Diesen konservativen Kreisen war Lodge wegen seines Einsatzes für den gemäßigten Eisenhower suspekt. Joseph Kennedy organisierte nun die Taft-Anhänger in Massachusetts zu einer Wählerinitiative «Unabhängige Republikaner für Kennedy». Joseph McCarthy erklärte, er sei nicht bereit, in Massachusetts gegen Kennedy zu sprechen. Dann geriet die bis dahin republikanisch eingestellte Tageszeitung «Boston Post» in finanzielle Schwierigkeiten. Joseph P. Kennedy lieh dem Herausgeber eine halbe Million Dollar. Einen Tag später erschien ein Leitartikel in der Zeitung, der die Kandidatur Kennedys unterstützte. *Weißt du,* sagte Kennedy 1960 zum Journalisten Fletcher Knebel, *wir mußten diese Scheiß-Zeitung kaufen, sonst wäre ich geschlagen worden.*[88]

Kennedy wurde nicht geschlagen. In dem Jahr, in dem die Amerikaner – der Reformen und des Kriegs in Korea müde, verunsichert durch die russische Atombombe und McCarthys Verschwörungsgeschrei – zum erstenmal seit zwanzig Jahren einen Republikaner zum Präsidenten wählten, in dem die Bürger von Massachusetts den Demokraten vom Gouverneurssitz verjagten, siegte John F. Kennedy mit einer (knappen) Mehrheit von 70000 Stimmen vor Lodge. «Jetzt haben die Fitzgeralds die Scharte ausgewetzt», jubelte Rose.[89] Und Joseph Kennedy visierte bereits den nächsten Schritt an: «Es wird für Dich nicht schwieriger sein, Präsident zu werden, als Lodge zu schlagen...»[90]

Zunächst aber galt es, sich als Senator für Massachusetts zu bewähren – durch Eintreten für die «Brot-und-Butter-Interessen» der Wähler. Zu Kennedys Gesetzesinitiativen in den Jahren 1953 bis 1955 gehörten das *Kennedy-Gesetz zur Fischereiforschung und -marktentwicklung*; das *Kennedy-Fischstäbchen-Zollgesetz*; das *Kennedy et al. Gesetz zum Schutz von Fischerbooten* sowie Gesetze zugunsten der Textilindustrie New Englands (Anhebung des Mindestlohns, Senkung der Zölle auf Einfuhren von Rohwolle), der Schiffbauindustrie (Vergabe von Regierungsaufträgen), der Uhrenindustrie (Schutzzölle) und des Bostoner Hafens (Bundeshilfe für die Modernisierung).

Wollte Kennedy jedoch ein nationales Profil gewinnen, mußte er zeigen, daß er in der Lage war, über den Horizont New Englands hinauszublicken. Die Gelegenheit ergab sich bei der Abstimmung über den Bau des Sankt-Lorenz-Seewegs, der den Atlantik mit den Industriezentren an den Großen Seen verbinden sollte und deshalb an der Ostküste – und besonders in Boston, wo man den endgültigen Niedergang des Übersee-hafens befürchtete – sehr unpopulär war. Kennedy stimmte für den Bau, was zu wütenden Protesten führte – und zur Unterstellung, Kennedy habe deshalb seine Hand für den Ausverkauf New Englands erhoben, weil der Seeweg direkt nach Chicago führe, wo sein Vater den «Merchandise Mart» gekauft hatte, den größten sich in Privatbesitz befindenden Ge-bäudekomplex der Welt. Die Auseinandersetzungen über den Seeweg konfrontierten Kennedy mit der Frage der Verantwortung eines Senators gegenüber seinen Wählern einerseits und dem nationalen Interesse ande-rerseits und mit der Frage des Muts in der Politik – Fragen, die Ausgangs-punkte für sein Buchprojekt *Zivilcourage* (*Profiles in Courage*) wurden. Als er 1960 nach der schwierigsten Entscheidung seiner politischen Lauf-bahn gefragt wurde, antwortete Kennedy: *Heiraten ist wahrscheinlich im-mer eine schwierige Angelegenheit – aber im Ernst: Ich glaube, die Abstim-mung über den Sankt-Lorenz-Seeweg war die schwierigste Entscheidung, politisch gesehen.*[91]

Die *schwierige Angelegenheit* des Heiratens wurde mit Kennedys wach-sendem Bekanntheitsgrad immer drängender: In Washington war er als «der fröhliche Junggeselle im Senat» bekannt – und dies war kaum eine Empfehlung für das Präsidentenamt. Er schien ernsthaften Beziehungen mit Frauen aus dem Weg zu gehen – sei es, daß er bewußt oder unbewußt seinem Vorbild Churchill nacheiferte, der, wie Kennedy, erst mit 36 Jah-ren heiratete; sei es, daß sein Wissen um seinen Gesundheits- oder besser Krankheitszustand ihn davon abhielt; sei es, daß die Ehe seiner Eltern ihn abschreckte – *Meine Mutter ist ein Nichts*[92]; sei es, daß er schlichtweg zu tieferen emotionalen Bindungen unfähig war: «Die Hauptsache für ihn war die Jagd. Ich glaube, er war insgeheim enttäuscht, wenn die Frau nachgab. Es bedeutete, daß sich seine geringe Meinung von Frauen wie-der einmal bestätigte. Es bedeutete, er mußte von neuem mit der Jagd beginnen ... [Ich] fragte ihn, warum er so wie sein Vater handelte, warum er echten Beziehungen aus dem Weg ging. Er brauchte eine Weile, um seine Antwort zu formulieren. Schließlich zuckte er mit den Achseln und sagte: *Ich weiß es nicht. Ich schätze, ich kann einfach nicht anders.* Dabei hatte er so einen traurigen Gesichtsausdruck. Er sah aus wie ein kleiner Junge, der gleich losheulen wird.»[93]

Kennedy traf Jacqueline Lee Bouvier 1951 bei einem Abendessen: *Ich lehnte mich über den Spargel und bat sie um eine Verabredung.*[94] Die Bou-viers waren Katholiken französischer Herkunft, denen bereits im 19. Jahrhundert der Aufstieg in die «bessere Gesellschaft» geglückt war, als Jacquelines Großvater einen adeligen Stammbaum für die Familie fabri-ziert hatte. (Tatsächlich hatte der erste Bouvier in Amerika sein Geld als Möbeltischler verdient.) Für die neureichen Kennedys war die Verbindung mit den Bouviers durchaus ein sozialer Aufstieg, auch wenn Jacqueline wenig mehr als den Namen als Mitgift in die Ehe brachte. Ihr Vater, John Vernou Bouvier III, war als Börsenspekulant eines der Opfer der Reformen, die Joseph Kennedy initiiert hatte. Das ihm verbleibende Geld brachte er bei der Jagd auf Frauen und beim Trinken durch – schließlich verließ ihn Jacquelines Mutter Janet mit ihren beiden kleinen Töchtern. Bald darauf heiratete sie den schwerreichen Börsenmakler Hugh Auchinloss. Jacqueline, am 28. August 1929 geboren, genoß eine hervorragende Ausbildung. Sie besuchte eine private Mädchenschule, später die berühmte Frauenuniversität Vassar, die Sorbonne und die George Washington University. Sie sprach fließend Französisch und Spanisch, verstand etwas von Kunst (sie war Hobbymalerin), Literatur und Philosophie. Als Kennedy sie kennenlernte, arbeitete sie als Fotoreporterin bei der «Washington Times-Herald». Jacqueline war wie Kennedy ein Ideenmensch; wie er war sie schlagfertig und an Wörtern und ihrer Wirkung interessiert; wie er war sie emotional eher unterkühlt, sah die Welt ironisch und distanziert; wie er war sie fast zwanghaft bemüht, ihr Erscheinungsbild – ihr «Image» – zu kontrollieren. So betonte sie gegenüber den Kennedys ihre vornehme «französisch-englische» Abstammung, obwohl ihre Mutter eine Irin war. Mit der Tochter des gescheiterten Börsenspekulanten sollten ein Hauch von Noblesse und ein sicheres Gefühl für Stil ins Weiße Haus einziehen, und «Jackies» kurze Röcke und Mäntel, weiße Handschuhe und Pillenschachtelhütchen, ihre Bubikopf-Frisur, ihre aufgerissenen Augen und leicht aufgeworfenen Lippen, ihre immer etwas atemlos hauchende Stimme sollten das Frauenideal der sechziger Jahre in der ganzen Welt prägen.

Wie bei Jack Kennedy war auch bei Jacqueline der Vater ein überstarkes Leitbild gewesen. In Aussehen und Charakter ähnelte «Black Jack» oder «Der schwarze Scheich», wie Bouvier genannt wurde, Clark Gable als Rhett Butler in «Vom Winde verweht». Am Vater maß sie, was ein «echter Mann» sein sollte – und Jack Kennedy war ein Mann nach Jack Bouviers Herzen: «Wir drei gingen vor der Verlobung essen», erinnerte sich Jacqueline, «und sie redeten über Politik und Sport und Mädchen – worüber sich alle Männer mit rotem Blut in den Adern gerne unterhalten»[95]. Die amourösen Abenteuer ihres Ehemanns dürften Jacqueline weniger schockiert haben als das prüde «middle America». Am 12. September 1953 wurden «Jack und Jackie» (sie haßte den Spitznamen) auf dem Anwesen der Familie Auchinloss vom Bostoner Erzbischof, dem späteren Kardinal Richard Cushing, getraut.

Etwa zur gleichen Zeit ging John F. Kennedy eine zweite «Ehe» ein – er engagierte den 1928 geborenen Theodore Sorensen als Redenschreiber und Assistenten. Sorensen wurde im Laufe der Jahre zu Kennedys wichtigstem Vertrauten neben seinem Bruder Robert; die Anähnelung der beiden ging so weit, daß Sorensen mühelos Anrufe als «Kennedy» führen konnte. Sorensens Pathos und Kennedys Vorliebe für Anekdoten und

Hochzeit mit Jackie, 12. September 1953

gelehrte Zitate verschmolzen in den gemeinsam geschriebenen Reden zu dem, was als der unverwechselbare «Kennedy-Stil» bekannt wurde. Dabei war Sorensen nach Herkunft und politischem Temperament geradezu das Gegenstück zum konservativen Senator aus Massachusetts: Er kam aus Nebraska im Mittleren Westen. Seine Mutter war russisch-jüdischer Abstammung und eine aktive Feministin und Pazifistin. Der Vater – Protestant, ja Puritaner – hatte als Anwalt für pazifistische und feministische Gruppen gearbeitet. Theodore Sorensen hatte 1945 aus Gewissensgrün-

49

den den Wehrdienst verweigert (was ihn noch Jahrzehnte danach um die Ernennung zum Chef des CIA brachte – einen Posten, für den ihn Präsident Jimmy Carter vorschlug) und in seinem Heimatstaat eine Ortsgruppe des militant antirassistischen «Congress of Racial Equality» (CORE) gegründet.

Sorensen war der erste Liberale, den es zu Kennedy zog, weshalb es hier angebracht scheint, den Begriff «liberal», so wie er in den USA verstanden wird, ein wenig auszuleuchten. Mit dem, was in Europa unter «Wirtschaftsliberalismus» (Nichteinmischung des Staates ins Wirtschaftsgeschehen) verstanden wird, hat er nichts zu tun. Im Gegenteil: Roosevelt hat den Begriff neu definiert, um sein Programm der staatlich gelenkten Reform des Kapitalismus, den «New Deal», zu umschreiben: «Die Zivilisation ist ein Baum, der beim Wachsen stets totes und verrottendes Holz produziert. Der Radikale sagt: ‹Fällen wir ihn.› Der Konservative sagt: ‹Rühren wir ihn nicht an.› Der Liberale sucht den Kompromiß: ‹Beschneiden wir ihn, so daß wir weder den alten Stamm noch die neuen Äste verlieren.›»[96] Liberale treten gerade für eine Einmischung des Staates ins Wirtschaftsleben ein, wenn sie auch gleichzeitig die politischen Freiheitsrechte des einzelnen gegen die kollektiven Ansprüche des Staates verteidigen. Das Mißtrauen gegenüber dem Staat tritt aber meistens zurück gegenüber dem Wunsch, ihn für die eigenen Zwecke in Bewegung zu setzen: «Jeder glaubt an die Verbesserung der Lebensqualität, aber Liberale halten das für eine unnachgiebig zu verfolgende programmatische Aufgabe.»[97] In dem Maße, wie der wachsende Staatsapparat Intellektuelle direkt oder indirekt beschäftigt, wird der Liberalismus besonders zur Ideologie dieser Schicht, ja, wird – von den Intellektuellen selbst wie von ihren Gegnern – zunehmend mit Intellektualität in der Politik gleichgesetzt.

Nach Roosevelts Tod formierten sich die entschiedenen Liberalen innerhalb der Demokratischen Partei – Intellektuelle wie der Historiker Arthur M. Schlesinger, Jr. (später «Hofgeschichtsschreiber» der Kennedy-Administration), aber auch Gewerkschafter wie Ronald Reagan (Vorsitzender der Schauspielergewerkschaft) – um Roosevelts Frau Eleanor zur Organisation «Americans for Democratic Action» (ADA). Gerade von seiten der ADA wurde Kennedy vorgeworfen, er sei kein «echter Liberaler». Kennedy erwiderte, er *wäre sehr gern bereit, ihnen allen zu sagen, daß ich überhaupt kein Liberaler bin. Ich bin nie den Americans for Democratic Action... beigetreten. Ich fühle mich mit solchen Leuten nicht wohl.*[98] Kennedy war durchaus in der Lage, typisch «liberale» Forderungen (Mindestlohn, Staatsaufträge) zugunsten seiner Wähler durchzusetzen und gleichzeitig wie ein Konservativer gegen *den großen Leviathan, den Staat,* zu wettern. Seine Grundhaltung war wohl konservativ, wenngleich *das Wort ‹konservativ› viele Bedeutungen hat, mit denen ich nicht identifiziert werden will. Genauer wäre ‹zurückhal-*

Theodore Sorensen

tend›.[99] 1959 – als er sich verstärkt um Stimmen aus den liberalen Reihen bewarb – erzählte er Burns: *Manche Leute haben ihren Liberalismus ‹fertig›, wenn sie schon Ende Zwanzig sind. Ich nicht. Ich geriet in Gegenströmungen und Strudel...*[100]

Zu diesen *Gegenströmungen* gehörte der McCarthyismus, der auch als Reaktion auf den wachsenden Einfluß liberaler Intellektueller im Staat gedeutet werden kann. Als Vorsitzender des Senatsausschusses zur Überwachung der Regierungstätigkeit (Government Operations Committee) spürte McCarthy überall den Fäden einer «immensen Verschwörung», eines «dreißigjährigen Verrats» nach: Öffentliche Büchereien wurden von «subversiver» Literatur gereinigt; ein Bertolt Brecht, ein Charlie Chaplin sollten nach Washington kommen und vor dem Ausschuß ihren «100%igen Amerikanismus» bezeugen; viele Schauspieler, Regisseure und Drehbuchautoren fanden sich auf Schwarzen Listen wieder und konnten keine Arbeit in Hollywood bekommen; Wissenschaftler wie J. Robert Oppenheimer, einer der Entwickler der amerikanischen Atombombe, wurden wegen (oft Jahrzehnte zurückliegender) pazifistischer oder irgendwie «rosaroter» Sympathien als Sicherheitsrisiko eingestuft und entlassen (Oppenheimer wurde erst von Präsident Kennedy rehabilitiert); selbst der Kriegsheld George C. Marshall, Generalstabschef unter Roosevelt und Außenminister unter Truman, wurde des «Verrats» bezichtigt. Wer sich von einem derart Beschuldigten nicht distanzierte, galt per Assoziation als mitschuldig. Niemand blieb vor der «großen Angst» verschont: Präsidentschaftskandidat Eisenhower, der unter Marshall gedient hatte und kein Freund McCarthys war, strich 1952 eine Passage aus einer Wahlkampfrede, in der er seinen alten Kriegskameraden und Förderer vor McCarthys Angriffen in Schutz nehmen wollte.

John F. Kennedy war Mitglied in McCarthys Ausschuß, sein Bruder Robert wurde Rechtsberater im Unterausschuß, der die berüchtigten Anhörungen durchführte. Zu Roberts ersten Aufgaben gehörte das Aufspüren von Homosexuellen im Außenministerium im Auftrag Roy Cohns, der rechten Hand McCarthys. (Ironischerweise war Cohn selbst homosexuell; er starb 1986 an AIDS.) Robert Kennedy arbeitete von Januar bis August 1953 für McCarthy, bis er sich mit Cohn zerstritt. Als McCarthy 1954 seine Untersuchungen auf die Armee ausdehnte, arbeitete Robert Kennedy als Rechtsberater für die Armee. Die Übertragung der Armee-Anhörungen im Fernsehen zeigte Millionen von Amerikanern, daß McCarthy ein gefährlicher Psychopath war; die Stimmung schlug gegen ihn um; und schließlich stellte der republikanische Senator Ralph Flanders einen «Mißbilligungsantrag» gegen den Senator aus Wisconsin wegen «ungebührlichen Verhaltens».

Der Antrag stürzte Senator Kennedy in ein Dilemma – seine Wähler, die er schon mit seiner Stimme für den Sankt-Lorenz-Seeweg verärgert hatte, waren nach wie vor begeisterte McCarthy-Anhänger. *Was hätte ich tun sollen – Harakiri begehen?* [101] Schließlich war er bereit, dem Antrag zuzustimmen – jedoch unter Vorbehalten: *Es geht nicht um die Rechtfertigung oder Verurteilung eines einzelnen Senators. Es geht nicht um seine Ansichten oder Ziele in den vergangenen Jahren . . .* [102] Kennedy war lediglich bereit, McCarthy dafür zu tadeln, daß er Cohns Wüten keinen Einhalt geboten hatte. Er ließ auch das Argument nicht gelten, McCarthy habe dem Ansehen Amerikas in der Welt geschadet: *Die Feindseligkeit, die außerhalb der Vereinigten Staaten Senator McCarthy entgegengebracht wird, ist meiner Meinung nach nicht hauptsächlich das Ergebnis seiner eigenen Handlungen, wie besorgniserregend diese auch sein mögen; er gibt lediglich ein leichtes Ziel für diejenigen ab, die das Prestige und die Macht der Vereinigten Staaten angreifen möchten . . . Diese unablässige Feindseligkeit gilt uns als Führern der Freien Welt, nicht einem einzelnen Mann oder einer einzelnen Handlung.* [103] Kennedy verstand die Heftigkeit der Emotionen nicht, die der Fall McCarthy aufgewühlt hatte; und die bloße Tatsache, daß die Angelegenheit emotional besetzt war, ließ ihn davor zurückschrecken: *Um Senator McCarthy hat sich ein Sturm zusammengebraut, der viele sonst vernünftige Individuen emotional durcheinanderge-*

Joseph McCarthy

bracht hat, die jetzt heftige Positionen für und wider beziehen.[104] McCarthys Handlungen wurden vom Senat am 2. Dezember 1954 schließlich nicht nur mißbilligt, sondern (mit 67 zu 22 Stimmen) «verurteilt». Der einzige Demokrat, der nicht nur dieser Abstimmung fernblieb, sondern auch keinen Gebrauch von seinem Recht machte, dem Senat sein Abstimmungsverhalten zu signalisieren, war John F. Kennedy.

Am 10. Oktober war er in ein Washingtoner Krankenhaus eingeliefert worden, wo er am 21. Oktober am Rücken operiert wurde. Er blieb bis zum Februar des nächsten Jahres im Krankenhaus – die dunkelsten Monate seines Lebens. Die Operation war zweifellos unaufschiebbar geworden – Kennedy konnte sich seit dem Frühjahr 1954 kaum noch ohne Krücken vorwärtsbewegen, selbst längeres Stehen wurde ihm zur Qual. Aus der bereits 1955 veröffentlichten Krankengeschichte[105] geht hervor, daß sich die Ärzte trotz größter Bedenken wegen der Addison-Krankheit zur Operation entschlossen, weil «der junge Mann ohne chirurgischen Eingriff zum Krüppel geworden wäre». Auf Grund einer fortgeschrittenen Bandscheibendegeneration war eine Lumbosakralfusion nötig, das heißt eine Verschweißung der Lendenwirbelsäule mit dem Kreuzbein; darüber hinaus sollte zur Versteifung und Stärkung des Rückens eine Me-

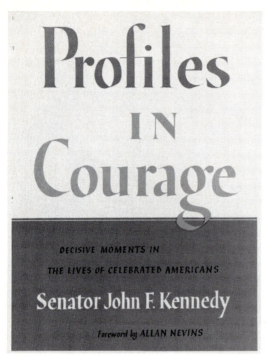

Die Erstausgabe von «Profiles in Courage»

tallplatte eingeführt werden. Die Operation verlief erfolgreich, es gab aber «postoperative Komplikationen» – eine Infektion der Harnwege, die auf Antibiotika nicht ansprach. Kennedy fiel in ein Koma, die Familie wurde herbeigerufen, ein Priester gab ihm die Letzte Ölung. Er starb nicht, erholte sich aber nur sehr langsam. Eine zweite Operation – zur Entfernung der Metallplatte am 10. Februar – brachte eine zweite Krise, zum zweitenmal die Letzte Ölung. Erst am 24. Mai 1955 nahm Kennedy seinen Sitz im Senat wieder ein. Die Schmerzen in seinem Rücken blieben jedoch so stark, daß er über Jahre hinweg regelmäßig Novocain-Spritzen erhalten mußte. Immerhin konnte er aber 1955 seine Krücken weglegen.

Bedeutete Kennedys Krankenhausaufenthalt, daß er physisch nicht in der Lage gewesen wäre, seine Position zum Antrag gegen McCarthy dem Senat mitzuteilen? Nein. Er war im Dezember 1954 gewiß krank – aber nicht zu krank, um Besucher zu empfangen oder zu telefonieren. Er hatte ein Telefon am Bett, und Sorensen saß nach eigenem Bekunden am Telefon in Kennedys Büro, um den erwarteten Anruf entgegenzunehmen. Er kam nicht. Kennedy wollte sich an der Verurteilung McCarthys nicht beteiligen: *Um meine Situation zu verstehen, müssen Sie bedenken, daß mein*

Vater und meine Schwester Eunice mit Joe befreundet waren und daß mein Bruder Bobby für ihn arbeitete. Also gab es diesen ganzen Druck von der Familie... Und, um ehrlich zu sein, ich glaubte, McCarthy würde nach und nach von selbst verschwinden.[106] Hinzu kam Kennedys fast völlige Ignoranz des sozialen und intellektuellen Umfelds, aus dem McCarthys Opfer stammten: *Sie müssen begreifen, daß ich solche Menschen, wie sie vor McCarthys Komitee geholt wurden, vorher nie gekannt hatte. Ich bin auch der Meinung, daß viele von ihnen ernsthaft mißhandelt wurden, aber für mich stellten sie eine andere Welt dar. Ich meine, ich identifizierte mich nicht mit ihnen, also regte ich mich nicht so auf, wie es andere Liberale taten.*[107] Da er sich mit den Opfern McCarthys *nicht identifizieren* konnte, mußte ihn die Heftigkeit der Angriffe auf McCarthy verwundern und abstoßen. Frage (1954): «Was halten Sie von McCarthy?» Antwort: *Nicht viel. Aber ich komme mit ihm aus... Ich möchte nicht in irgendwelche persönlichen Kämpfe hineingezogen werden.*[108] *Die ganze McCarthy-Episode muß im Zusammenhang mit der schon immer vorherrschenden Atmosphäre im Senat gesehen werden, wo die meisten Mitglieder nur äußerst ungern ein persönliches Urteil über das Verhalten eines anderen Mitglieds abgeben.*[109] Zweifellos. Aber hier war kein persönliches, sondern ein politisches Urteil zu fällen. Kennedys erster Biograph Burns kam zu dem Schluß, Kennedy habe zwar nicht gegen McCarthy gestimmt, wohl aber gegen den McCarthyismus, da er verschiedentlich gegen Anträge McCarthys im Senat auftrat. Das Argument ist aber nicht stichhaltig. Denn der McCarthyismus war nicht eine Politik des Senats, eine Serie von Abstimmungen, sondern eben «die große Furcht» – ein System von Denunzierungen, Schwarzen Listen, Verdächtigungen, das an die Person McCarthys gebunden war, und diese Person mußte demontiert werden, um das System zu demontieren.

Kennedys beharrliche Weigerung, sich auch nach McCarthys Tod (1957) öffentlich von ihm zu distanzieren, hat ihre bewundernswerte Seite; da geht es um persönliche Loyalität gegenüber einem einstigen Freund und um die eigene Integrität: *Mein Standpunkt... war: Da ich zu seinen Lebzeiten nie besonders aktiv gegen McCarthy gewesen war, würde ich vollends als politischer Prostituierter erscheinen, wenn ich nichts Eiligeres zu tun hätte, als meinen Standpunkt zu ändern und ihn zu denunzieren, da er politisch erledigt war.*[110] Dennoch ist man versucht, im Hinblick auf die McCarthy-Episode jene Passage aus Kennedys Buch *Zivilcourage* auf sein eigenes Verhalten zu beziehen: *Manche bewundern den Mut als Tugend bei anderen und als etwas, das es früher einmal gegeben hat, ohne seine gegenwärtigen Auswirkungsmöglichkeiten zu erfassen.*[111] *Profiles in Courage* erschien Anfang 1956, und es fehlte nicht an Unkenrufen, Kennedy hätte «weniger Profil und mehr Courage» zeigen sollen.

Mit *Profiles in Courage* wurde Kennedy einer der zwei Dutzend erfolgreichsten Autoren der amerikanischen Geschichte – vier Millionen Exemplare der Taschenbuchausgabe wurden allein in den USA verkauft. Der Begriff «Autor» muß dabei vorsichtig verwendet werden, denn das Buch entstand 1954/55, als Kennedy angeblich zu krank war, um dem Senat seine Entscheidung über McCarthy mitzuteilen. Tatsächlich fungierte Kennedy bei der Arbeit – mit Hilfe des Telefons und eines Diktiergeräts – hauptsächlich als Redakteur; die Forschungsarbeit wurde von hochkarätigen Professoren wie Burns und Schlesinger unternommen; die Organisation des Materials zu einem Buch war Sorensens Aufgabe.

Wenn *Profiles in Courage* also nur bedingt Kennedys Werk ist, so spiegelt es doch die Fragen wider, die den Senator beschäftigten. Da ist zunächst die Frage – angeregt durch die Auseinandersetzung um den Sankt-Lorenz-Seeweg – der Gewissensfreiheit der Gesetzgeber: Darf sich ein Volksvertreter auch gegen die Meinung der Wähler entscheiden oder hat er nur ein imperatives Mandat – *lediglich sozusagen als Seismograph die Veränderungen in der öffentlichen Meinung zu verzeichnen* [112]? Kennedy meint: *Die Wähler haben uns ausgesucht, weil sie Vertrauen in unsere Urteilskraft besitzen und in unsere Fähigkeit, diese Urteilskraft in einer Stellung auszuüben, die uns instand setzt zu bestimmen, was ihren Interessen als Teil der nationalen Interessen am besten dient. Das bedeutet, daß wir – je nach Anlaß – die Meinung der Wähler führen, unterrichten und korrigieren müssen, und zuweilen sogar nicht beachten dürfen, wenn wir jene Urteilskraft ausüben sollen, deretwegen wir gewählt wurden.* [113]

Der Gebrauch dieser Urteilskraft setzt aber Mut voraus: *Wo noch, außer in der Politik, wird von einem Menschen erwartet, daß er alles – einschließlich seiner eigenen Laufbahn – der Sache der Allgemeinheit opfert? ...Nirgends sonst gibt es die fürchterliche Endgültigkeit der persönlichen Entscheidung, die bei jeder wichtigen Entscheidung an den Senator herantritt... und bei all dem spürt er seine Wähler wie der Rabe in Poes Dichtung auf seinem Senatspult hocken und «nimmermehr» krächzen, während er seine Stimme abgibt und damit seine politische Zukunft aufs Spiel setzt.* [114]

Im Zentrum des Buchs stehen acht Senatoren, die ihre politische Karriere ihren Grundsätzen zum Opfer brachten. Unter ihnen sind Demokraten und Republikaner – allen gemeinsam ist aber, daß sie Unabhängigkeit nicht nur ihren Wählern, sondern vor allem ihren Parteien gegenüber demonstrieren. Diese Un- oder Überparteilichkeit war es, die Kennedy als sein Erbe reklamieren wollte: *Freilich wäre es viel leichter, sich in den traditionellen Denkformen weiterzubewegen: als Liberale und Konservative, als Republikaner und Demokraten, als Anhänger der Südstaaten und des Nordens, als Arbeitgeber und Arbeitnehmer, als Produzenten oder Konsumenten oder in anderen ähnlichen Kategorien... Gerade heute aber kann sich die Nation den Luxus politischer Denkfaulheit nicht leisten.* [115]

Das Buch traf den Nerv der Zeit: In einer Situation, in der die Unfähigkeit der Legislativen, dem Treiben McCarthys rechtzeitig Widerstand zu leisten, das Vertrauen der Amerikaner in den Kongreß schwer erschüttert hatte; in der die Aufblähung der staatlichen Bürokratie bei Millionen das Gefühl erzeugte, sie seien bloß statistische Objekte der «Männer in den grauen Anzügen», verkündete Kennedy sein Vertrauen in die Fähigkeit Amerikas, Individuen hervorzubringen, die gegen *politische Denkfaulheit, traditionelle Denkformen* anzukämpfen, ja notfalls *sich mit seinem Präsidenten, mit seiner Partei oder der in der Nation vorherrschenden Stimmung herumzuschlagen* bereit sind.[116] Das Pulitzer-Preis-Komitee erkannte wohl in erster Linie diese politische Bedeutung des Buchs an, als es 1956 *Profiles in Courage* den Preis in der Sparte «Biographie» zuerkannte.

Kennedy war damit eine der bekanntesten Gestalten in der Demokratischen Partei geworden, und seine Anhänger begannen Adlai Stevenson zu bedrängen, ihn auf dem Demokratischen Parteitag 1956 als Kandidaten für die Vizepräsidentschaft bei dem bevorstehenden zweiten Waffengang gegen das Gespann Eisenhower–Nixon zu nominieren. Stevenson zögerte: «Ich mag Jack Kennedy, bewundere ihn, aber: Er ist zu jung; sein Vater; seine Religion.»[117] Kennedys Anhänger legten das sogenannte «Bailey-Memorandum» vor, das von Sorensen in Kennedys Auftrag erstellt worden war. Dieses Memorandum wies nach, daß in vierzehn Staaten, wo Katholiken zwischen 20 Prozent (Ohio) und 60 Prozent (Rhode Island) der Bevölkerung ausmachten, 261 Wahlmännerstimmen zu gewinnen waren – nur fünf weniger als zum Erlangen der Mehrheit im Wahlmännerkolleg, das den Präsidenten wählt, nötig wären. Die Demokraten hatten 1940 dreizehn, 1944 zwölf, 1948 acht, 1952 aber keinen dieser Schlüsselstaaten gewonnen! In Verbindung mit den zu erwartenden Stimmen aus den demokratischen Hochburgen des Südens würde es reichen, jene Katholiken wiederzugewinnen, die 1948 noch für Truman, 1952 aber für Eisenhower gestimmt hatten. Der Kandidat, so die Schlußfolgerung des Memorandums, sollte katholisch, militant antikommunistisch und für den Süden akzeptabel sein. Kennedy erfüllte alle drei Bedingungen. 1950 hatte er für das McCarran-Gesetz zur inneren Sicherheit gestimmt, das die Registrierung der Mitglieder kommunistischer und «subversiver» Gruppen und ihre Internierung im Kriegsfall vorsah; 1952 hatte er – zusammen mit Hubert Humphrey – ein Gesetz durch den Senat gebracht, das die Mitgliedschaft in der kommunistischen Partei für illegal erklärte. Und was den Süden betraf: «Er ist zu ehrlich und zu sehr Neuengländer – und Politiker –, um die Position des Südens in der Rassenfrage zu übernehmen», schrieb die «Birmingham Post-Herald» am 25. Oktober 1956, «aber er wird nie so fanatisch gegen uns sein wie Reuther [von der Automobilarbeitergewerkschaft] oder Nixon…»

Dwight D. Eisenhower,
1953 bis 1961 Präsident
der USA

Stevenson konnte sich dennoch nicht zur Nominierung Kennedys durchringen und überließ die Wahl den Parteitagsdelegierten. Erwartungsgemäß bekam Kennedy viele Stimmen aus dem Süden; in der entscheidenden Abstimmung unterlag er aber einer Koalition von Liberalen und Farmern aus dem Mittleren Westen, die er durch die Ablehnung höherer Subventionen verärgert hatte. Im Tumult erschien Kennedy vor dem Parteitag und schlug vor, seinen Rivalen Estes Kefauver einstimmig zu nominieren. Millionen Fernsehzuschauer waren Zeugen dieser großzügigen Geste, dieser «triumphalen Niederlage». In der Tat blieb Kennedy der einzige Sieger des Parteitags von 1956, denn Stevenson und Kefauver wurden von Eisenhower und Nixon vernichtend geschlagen. Nach Eisenhowers Sieg sinnierte Kennedy: *Joe war der Star der Familie. Er machte alles besser als wir anderen. Wenn er gelebt hätte, wäre er in die Politik gegangen, und er wäre ins Repräsentantenhaus und in den Senat gewählt worden, wie ich es wurde. Und wie ich hätte er versucht, die Nominierung auf dem Parteitag 1956 zu bekommen, aber anders als ich wäre er nicht geschlagen worden.* Hier lächelte Kennedy und fuhr fort: *Und dann wären er und Stevenson von Eisenhower geschlagen worden, und heute wäre Joes politische Karriere ruiniert, und er wäre dabei, die Scherben aufzusammeln.*[118]

58

Der Weg zum Weißen Haus

Nach dem Parteitag flog Kennedy ohne Jacqueline an die Riviera, um zwei Wochen auf einer Yacht im Mittelmeer zu verbringen. Dort erreichte ihn die Nachricht, daß Jacqueline eine Fehlgeburt erlitten hatte. Wie sehr sich die Eheleute einander entfremdet hatten, wurde daran deutlich, daß Jacqueline nach dem Krankenhausaufenthalt nicht nach Washington zurückkehrte, sondern zu ihrer Mutter nach Newport zog. Angeblich bot ihr Joseph Kennedy eine Million Dollar, um bei seinem Sohn zu bleiben. Eine Trennung hätte die politischen Hoffnungen der Kennedys zerstört. Es kam jedenfalls nicht dazu. Jacqueline zog nach Washington zurück, und als die Tochter Caroline am 27. November 1957 durch Kaiserschnitt zur Welt kam, war Kennedy dabei. Er war 40 Jahre alt.

Bis dahin galt von ihm, was er über seinen Bruder Joe geschrieben hatte: *Er bewahrte immer eine gewisse Distanz zu seiner Umgebung – eine Mauer der Zurückhaltung, die wenige Menschen je durchdringen konnten.*[119] Seine Tochter war der erste Mensch, der diese Mauer überwand: «Ihr gegenüber konnte er seinen Gefühlen freien Lauf lassen», erinnert sich eine Bekannte. «Er hatte nie wirklich gelernt, mit Menschen umzugehen, bis er Caroline hatte.»[120] Die Rettung seiner Ehe und die Geburt der Tochter bedeuteten nicht, daß Kennedys Flirts und Affären aufhörten. Im Kreis der Wahlhelfer gab er gern an: *Die Blondine hab ich geknackt.*[121] Dem Gerede im Männerkreis über sexuelle Eroberungen ist allerdings ungefähr soviel Glauben entgegenzubringen wie dem bekannten Anglerlatein. Es gehörte durchaus zur Image-Pflege, nach außen als Familienvater, im Kreis der Getreuen aber als Macho zu erscheinen – etwa, indem der Präsident einen Mitarbeiter aus dem Weißen Haus anruft und erklärt: *Es sind zwei nackte Mädchen im Zimmer, aber ich sitze hier und lese das «Wall Street Journal». Bedeutet das, daß ich alt werde?*[122]

Kennedys Wirkung auf Frauen aller Altersgruppen blieb eine seiner wichtigsten politischen Waffen. Im Wahlkampf 1956 zeigte sich zum erstenmal das Phänomen der JFK-Hysterie – Schülerinnen in Louisville etwa blockierten sein Auto, kreischten und schrien: «Wir lieben dich!» und: «Du bist besser als Elvis Presley!»

Nach dem Parteitag von 1956 war allen klar, daß Kennedy 1960 nicht

Das junge Ehepaar

übergangen werden durfte. Lyndon B. Johnson, Fraktionsführer der Demokraten im Senat, sah Kennedy bereits als seinen Vizepräsidenten und verschaffte ihm einen Sitz im angesehenen außenpolitischen Ausschuß des Senats. Kennedy allerdings hatte andere Pläne: *Wenn wir wie verrückt die nächsten vier Jahre arbeiten, werden wir alle einstecken.*[123] Die zu verfolgende Strategie war klar – Kennedy hatte sie in seinem Buch *Zivilcourage* am negativen Beispiel Tafts entwickelt, der die Präsidentschaft verfehlte, weil er *so fest zu seinen Grundsätzen stand, daß ihn nicht einmal die Verlockung des Weißen Hauses... davon abhielt, sich zu seinen Grundsätzen zu bekennen... Ihm war bewußt, daß er nur dann hoffen konnte, je sein Ziel zu erreichen, wenn er neuen Wählerblöcken genügend schmeichelte und gleichzeitig alles vermied, das geeignet war, ihn mit irgendeiner*

Gruppe zu verfeinden, der mögliche Taft-Wähler angehörten.[124] Ersetzte man «Taft» durch «Kennedy», ergab das folgende Strategie: Zuerst galt es, sich des Rückhalts bei den eigenen Wählerschichten im Norden zu versichern. Gegenüber dem Süden hatte Kennedy auch noch eine Bringe-schuld: *Die Südstaatler waren verdammt nett zu mir auf dem Parteitag.*[125] Dann hieß es, *den neuen Wählerblöcken genügend schmeicheln*: den Libe-ralen, den noch zögernden Protestanten, den Schwarzen.

1957 war es an der Zeit, sich des Südens zu versichern. Dort herrschte Krisenstimmung. Das System der Rassendiskriminierung geriet ins Wan-ken. Im Urteil zum Prozeß «Brown vs. Board of Education of Topeka» (17. Mai 1954) hatte das Oberste Gericht festgestellt, daß die Rassentren-nung in den Schulen dem Gleichheitsgebot der Verfassung widerspreche und daß sie aufzuheben sei. Versuche schwarzer Schülerinnen und Schüler, ihr Recht wahrzunehmen, führten zu Gewalttätigkeiten weißer Rassisten. In Little Rock, Arkansas, mußte Eisenhower 1957 Bundestruppen einset-zen, weil sich die örtliche Polizei weigerte, gegen den weißen Mob vorzuge-hen. Außerdem bereitete die Regierung ein neues Bürgerrechtsgesetz vor. In dieser Situation reiste Kennedy nach Mississippi und erklärte Gouver-neur Coleman, er sei nie *in irgendeiner Form «gegen den Süden» gewesen. Ich habe ein Gutteil meines Lebens im Süden gewohnt* (Palm Beach, Flo-rida), *wo meine Eltern seit 25 Jahren ihre Stimmen abgegeben haben…*[126] Im Gegenzug erklärte Coleman: «Der Süden mag Kennedy.»[127] Bei der Beratung des Bürgerrechtsgesetzes stimmte Kennedy mit den Vertretern der Südstaaten für einen Zusatz, der bei Verletzungen der Bürgerrechte Verfahren vor einem örtlichen Geschworenengericht vorsah – weiße Ge-schworene waren aber selten bereit, einen angeklagten Weißen schuldig zu sprechen. Die Verabschiedung des Zusatzes nannte Vizepräsident Nixon «eine Abstimmung gegen das Wahlrecht»[128]. *Ich halte es für einen Fehler, dogmatisch auf der Reinheit der ursprünglichen Vorlage zu bestehen unter Gefährdung ihres weitergehenden Ziels*[129], erklärte Kennedy. Liberale und Schwarze waren dennoch empört. Kennedy reagierte gelassen: *Die Rake-ten gehen hoch und es gibt drei oder vier Wochen Feuerwerk, dann vergessen die Leute wieder, weil sie so viele eigene Probleme haben.*[130]

Das beste Argument gegen seine politischen Gegner aber boten die Senatswahlen 1958. Niemand hatte an Kennedys Wiederwahl gezweifelt; doch seine Mehrheit von 874 608 Stimmen (er bekam 73,6 Prozent aller abgegebenen Stimmen) war eine Sensation – die größte Mehrheit, die je ein Bewerber um ein politisches Amt in Massachusetts erreicht hat. «Nichts ist so erfolgreich wie der Erfolg», besagt ein amerikanisches Sprichwort – nun beeilten sich auch Liberale, auf den Kennedy-Zug auf-zuspringen. «Ich bin wohl nostalgisch betrachtet für Stevenson, ideolo-gisch für Humphrey und realistisch für Kennedy», erklärte zum Beispiel Arthur M. Schlesinger, Jr.[131] Ausgehend von der Überlegung, daß man einen Intellektuellen am besten dadurch gewinnt, daß man ihn um seine

Meinung bittet, organisierte Sorensen ein «akademisches Beratungs-komitee» für Kennedy, in dem unter anderen die Wirtschaftswissen-schaftler John Kenneth Galbraith, Paul Samuelson und Seymour Harris, der Historiker Arthur M. Schlesinger, Jr., die Politikwissenschaftler Jerome Wiesner, Walt Rostow, Daniel Ellsberg und Henry Kissinger (später Außenminister unter Präsident Nixon) Positionspapiere für den Senator erarbeiteten. Kissinger war gleichzeitig außenpolitischer Bera-ter des Republikaners Nelson Rockefeller; als seine Assistentin Kennedy gegenüber ihr Unbehagen über diese Doppelrolle äußerte, lachte er: *Mach dir darüber keine Gedanken – die sind alle gleich.* [132]

Am 2. Januar 1960 erklärte Kennedy seine Kandidatur für das Amt des Präsidenten der Vereinigten Staaten von Amerika – und betonte gleich-zeitig, daß er unter keinen Umständen bereit sei, eine Nominierung als Vizepräsident zu akzeptieren. Der Vater stimmte ihm zu: «Für die Ken-nedys heißt es: das Scheißhaus oder das Schloß. Dazwischen gibt es nichts.» [133] Nach wie vor handelten die Kennedys als eine Einheit – *Mein Vater wäre auch dann für mich, wenn ich als Chef der kommunistischen Partei kandidieren würde.* [134] Aber im Verhältnis zwischen Vater und Sohn hatte es eine subtile Verschiebung des Machtverhältnisses gegeben, die es dem Sohn auch ermöglichte, über Joseph Kennedys finanzielle Manöver (1957 stand Joseph Kennedy mit einem geschätzten Vermögen von 200 bis 400 Millionen Dollar an zwölfter Stelle der reichsten Männer Amerikas) vor Journalisten zu witzeln: *Ich habe gerade ein Telegramm von meinem großzügigen Vater erhalten: «Lieber Jack – kaufe keine Stimme mehr als notwendig – der Teufel soll mich holen, wenn ich einen Erdrutschsieg be-zahle.»* [135]

Ein Unsicherheitsfaktor war die mögliche Reaktion protestantischer Wähler auf Kennedys Religion: *Die Menschen haben Angst, daß Katholi-ken von einer höheren Organisation Befehle entgegennehmen. Das tun sie nicht. Ich jedenfalls nicht.* [136] 1928 hatte die Präsidentschaftskandidatur des Katholiken Al Smith zu einem Ausbruch antikatholischer Emotionen geführt. Deshalb waren gerade katholische Politiker oft skeptisch gegen-über Kennedy.

Es war eine Ironie der Geschichte, daß ausgerechnet Kennedy mit der Frage der Religion konfrontiert wurde – ein Mann, dem seine Religion wahrscheinlich unwichtiger war als irgendeinem seiner Vorgänger oder Nachfolger im Weißen Haus. *Es gibt einen alten Spruch in Boston,* wit-zelte er bereits 1947: *Unsere Religion kriegen wir aus Rom, unsere Politik von hier.* [137] Politisch war John F. Kennedy ganz und gar ein Kind der Neuen Welt, der Verfassung der USA: *Welcher Religion einer auch immer in seinem Privatleben anhängen mag, für den Amtsinhaber geht nichts über seinen Eid, die Verfassung in allen ihren Teilen zu schützen – einschließlich des ersten Verfassungszusatzes und der strikten Trennung von Kirche und Staat.* [138] *Der Papst spricht als Oberhaupt der katholischen Kirche. Mein*

Glaube ist meine persönliche Angelegenheit, und es erscheint nicht vorstellbar, ja, es ist unmöglich, daß meine Pflicht ... die Verfassung zu achten und zu schützen, durch irgend etwas verändert werden könnte, was der Papst sagt oder tut. Welche Kirche ich sonntags besuche, an welche Dogmen der katholischen Kirche ich glaube – das ist meine Privatsache, und der Glaube jedes anderen Amerikaners ist seine Privatsache. [139] In diesem Sinne sprach er sich gegen Bundeszuschüsse für private und kirchliche Schulen aus – und gegen eine staatliche Einmischung in die Geburtenkontrolle: *Ich glaube auch, daß diejenigen, die bezüglich des Gebrauchs von Verhütungsmitteln keine religiösen oder moralischen Skrupel haben, in ihrer Wahlfreiheit nicht eingeschränkt werden sollten.* [140]

Kennedys saubere Trennung zwischen der privaten Sphäre, zu der die Religion gehöre, und der Politik brachte ihm den Zorn mancher Katholiken ein. So schrieb «America», die Wochenzeitschrift der Jesuiten: «Mr. Kennedy glaubt nicht wirklich daran. Kein religiöser Mensch, sei er Katholik, Protestant oder Jude, hat eine solche Meinung.» [141] Aber Kennedy war kein religiöser Mensch. Angesichts solcher Angriffe von Katholiken scherzte er: *Jetzt verstehe ich, warum Heinrich VIII. (von England) seine eigene Kirche gegründet hat.* [142] Den Höhepunkt seines Werbefeldzugs um die Protestanten bildete Kennedys Auftritt vor der Vereinigung Protestantischer Geistlicher in Houston, Texas, am 12. September 1960: *Ich bin nicht der katholische Präsidentschaftskandidat, ich bin der Präsidentschaftskandidat der Demokratischen Partei, der zufällig katholisch ist. In öffentlichen Angelegenheiten spreche ich nicht für meine Kirche, und meine Kirche spricht nicht für mich.* Er versprach sogar: *Sollte jemals der Zeitpunkt kommen, daß mein Amt von mir eine Wahl zwischen meinem Gewissen und dem nationalen Interesse fordert, dann würde ich zurücktreten.* [143]

Wichtiger als alle Diskussionen aber waren die Vorwahlergebnisse im überwiegend protestantischen West Virginia, wo Kennedy fast doppelt so viele Stimmen erhielt wie sein liberaler Gegner Humphrey. Weitere Vorwahlsiege folgten, und als Kennedy am 9. Juli 1960 von 2000 kreischenden Mädchen in Los Angeles empfangen wurde, wo der Parteitag der Demokraten stattfinden sollte, war ihm die Nominierung so gut wie sicher. Zwar versuchten einige Liberale im letzten Augenblick, durch eine Blitzkampagne für Stevenson die «Kennedy-Dampfwalze» zu stoppen, doch vergeblich: Kennedy wurde im ersten Wahlgang mit 806 Stimmen nominiert; sein gefährlichster Rivale, Lyndon B. Johnson, erhielt 409 Stimmen, Stevenson 79,5. Die Liberalen hatten kaum Zeit, sich damit zu trösten, daß Kennedy immer noch besser sei als der Südstaatler Johnson, als Kennedy schon seine Wahl des Vizepräsidentschaftskandidaten bekanntgab: Lyndon B. Johnson aus Texas. Kennedy beruhigte sie: *Es ist kein beneidenswerter Ausblick für den zweiten Mann, nur dann Einfluß auf den Gang der Dinge auszuüben, wenn ich sterben sollte.* [144] Der Texaner deckte sozusagen Kennedys «Südflanke» ab und gab ihm damit die Möglichkeit, sich im Wahlkampf den noch skeptischen liberalen und schwarzen Wählern weiter anzunähern. Johnsons Nominierung war rein taktisch motiviert. Niemand konnte ahnen, daß er keine fünf Jahre später als Testamentsvollstrecker Kennedys das umfassendste und radikalste Reformwerk seit Roosevelts New Deal auf den Weg bringen würde.

In seiner Rede auf dem Parteitag distanzierte sich Kennedy sogar explizit von den *Versprechungen* Franklin D. Roosevelts und Woodrow Wilsons: Unter seiner Präsidentschaft werde sich Amerika den *Herausforderungen* einer *Neuen Pioniergrenze* stellen müssen: *den unentdeckten Gebieten der Wissenschaft und des Weltalls, ungelösten Problemen von Krieg und Frieden, unbesiegten Überbleibseln der Ignoranz und des Vorurteils, unbeantworteten Fragen der Armut und des Überflusses.*

Zwar lehnte Kennedy einerseits *weitere harte Worte über die Männer im Kreml* ab; gleichzeitig aber fragte er, *ob unsere Gesellschaft... mit dem zielstrebigen Vordringen des kommunistischen Systems Schritt halten kann ... Das ist die eigentliche Frage ... Sind wir bereit, es den Russen gleichzutun, die ihre Gegenwart der Zukunft opfern – oder müssen wir unsere Zukunft opfern, um die Gegenwart zu genießen?*

In einer Zeit, da die meisten Amerikanerinnen und Amerikaner einen in ihrer Geschichte und in der Welt bis dahin unerreichten Wohlstand genossen, schaffte es Kennedy, das Unbehagen über die an den Rand des Bewußtseins gedrängten Probleme – das Schicksal der Minderheiten und Armen, das mögliche Zurückbleiben der USA in der wissenschaftlichen und ideologischen Konkurrenz mit der Sowjetunion – zu wecken und die «Fabulous Fifties» als eine Zeit *schleichender Mittelmäßigkeit, nationalen Niedergangs, der privaten Bequemlichkeit auf Kosten des öffentlichen Interesses, der abgestandenen, stickigen Luft der ‹Normalität›* darzustellen. Kennedys *Neue Pioniergrenze* hingegen *appelliert an ihren Stolz, nicht an ihre Brieftasche.*[145]

Die Rede war – wie Kennedys Wahlslogan *Laßt uns Amerika wieder in Bewegung setzen!*, der irgendwie an die Planwagen der Pioniere erinnerte – unspezifisch genug, um in den verschiedensten Gruppen, besonders aber bei der Jugend, ein unbestimmtes Gefühl des Aufbruchs zu neuen Ufern zu erzeugen. Sein republikanischer Gegenkandidat Nixon verteidigte die unbestreitbaren Leistungen Eisenhowers – Frieden und Wohlstand; Kennedy versprach, *der Nation die unerledigten Geschäfte unserer Gesellschaft vorzulegen*[146]. Die Rede – und Kennedys gesamter Wahlkampf – spiegelte den wachsenden Einfluß der akademischen Berater wider – so zum Beispiel Schlesingers 1959 entwickelte Zyklentheorie der amerikanischen Politik, derzufolge Perioden intensiver Aktivität, in denen Großes geleistet wird, von Perioden der Apathie und Passivität abgelöst werden, die so lange andauern, bis die Energien der Nation wieder aufgefrischt seien, und Galbraiths These, die Schwäche der USA im

Während des Wahlkampfs in New York, Oktober 1960

Richard Nixon

Kampf gegen die Sowjetunion sei im Widerspruch zwischen «privatem Wohlstand und öffentlicher Armut» begründet – eine These, die den Verfasser von *While England Slept* besonders ansprechen mußte: *Sie* (Richard Nixon) *selbst sagten zu Chruschtschow, «ihr seid uns vielleicht in der Raketenschubkraft voraus, aber wir sind euch im Farbfernsehen voraus.» ...Ich denke, Farbfernsehen ist nicht so wichtig wie Raketenschubkraft.*[147]

Nixon geriet mehr und mehr in die Defensive. Der erfolgreiche Start des ersten unbemannten Satelliten («Sputnik») durch die Sowjetunion 1957 hatte bei den Amerikanern den «Sputnik-Schock» ausgelöst – ein Gefühl der Verwundbarkeit und Unterlegenheit. Kennedy und Kissinger beschworen die entstandene «Raketenlücke» und verlangten ein Modernisierungsprogramm; Eisenhower aber hatte die Rüstungsausgaben beschnitten und 1958 die Atomversuche eingestellt. Hinzu kam in den letzten Jahren der Eisenhower-Regierung eine schleichende «Stagflation» (Rückgang der Industrieproduktion bei gleichzeitiger Inflation), die in den letzten Wochen vor der Wahl 1960 400000 Arbeitern ihren Arbeitsplatz kostete.

Den größten Fehler aber machte Nixon, als er sich einer Serie von vier

Debatten mit Kennedy stellte, die vom Fernsehen direkt übertragen wurden – ein Novum in der Geschichte amerikanischer Präsidentschafts-wahlkämpfe. Im Schnitt wurde jede Debatte von 71 Millionen Amerikanern gesehen, die erste sogar von 101 Millionen, und 89,9 Prozent aller Haushalte mit Fernseher sahen wenigstens einen Teil der Serie. Dadurch begab sich Nixon seines wichtigsten Vorteils: seines höheren Bekanntheitsgrads als Vizepräsident; und Kennedy erwies sich als ideale Fernsehpersönlichkeit. Seine reservierte, fast unterkühlte Präsenz war dem Medium Fernsehen besser angepaßt als Nixon, den manche Kritiker mit einem zu aufdringlichen Gebrauchtwagenhändler verglichen. (Bezeichnenderweise waren Menschen, die nur die Radioübertragung gehört hatten, der Meinung, Nixon habe besser als Kennedy abgeschnitten.) Während Nixon auf Kennedy fixiert blieb, wandte sich Kennedy immer wieder direkt an die Millionen Fernsehzuschauer: *Wenn Sie der Meinung sind, daß alles... richtig gemacht wird, daß die Macht und das Prestige und die Stärke der Vereinigten Staaten im Verhältnis zu den Kommunisten zunimmt, daß wir mehr Sicherheit erlangt haben, daß wir alles erreichen, was wir als Nation erreichen sollten, daß wir ein besseres Leben für unsere Bürger und größere Macht erreichen, dann... sollten Sie für Mr. Nixon stimmen.*[148]

«Superman kommt zum Supermarkt», kommentierte Norman Mailer Kennedys Auftritt[149]; andere blieben skeptisch, wie der Automobilarbeiter in Detroit, der einem Reporter sagte: «Es ist alles unecht. Dies ist eine Wahl zwischen zwei Schauspielern.»[150] Schlesinger schrieb eine Wahlkampfbroschüre, deren Titel die Zweifel vieler Liberaler aufgriff: «Kennedy oder Nixon: macht es einen Unterschied?»[151] Eleanor Roosevelt sagte, Kennedy repräsentiere «die neue Managerelite, die weder Prinzipien noch Charakter besitzt»[152]. Schwarze vor allem bemerkten, daß die Frage ihrer Bürgerrechte bei den Debatten kaum eine Rolle gespielt hatte. (Die Abschrift der vier Debattenstunden umfaßt 82 Buchseiten, von denen 3,5 der Bürgerrechtsfrage gewidmet sind; allein 9 Seiten hingegen der Frage, ob die zwischen Formosa und Festland-China umstrittenen Inseln Quemoy und Matsu verteidigenswert seien.)

Da wurde der Führer des schwarzen Widerstands im Süden, der Baptistenprediger Dr. Martin Luther King, bei einem «Sit-in» in einem «weißen» Restaurant in Atlanta, Georgia, verhaftet. Da er bereits wegen Fahrens mit einem ungültigen Führerschein zu einer Bewährungsstrafe verurteilt worden war, wurde das gewaltlose Sit-in von Richter Oscar Mitchell als Verletzung der Bewährungsauflagen gewertet: King wurde zu vier Monaten Zuchthaus in einem abgelegenen Straflager verurteilt. Seine Mitarbeiter befürchteten, daß er dort gelyncht würde. Die Situation war für beide Präsidentschaftskandidaten gefährlich – ein Eingreifen zugunsten Kings konnte eine unkontrollierbare weiße Gegenreaktion auslösen. Klüger schien es, die Sache auf sich beruhen zu lassen, was Nixon auch

Die Kennedys nach der Wahl von 1960.
Stehend von links: Ethel Kennedy
(Roberts Frau), Stephen und Jean Smith,
John F. Kennedy, Robert Kennedy,
Patricia Lawford, Sargent Shriver,
Joan Kennedy (Edwards Frau),
Peter Lawford; sitzend von links:
Eunice Shriver, Rose und Joseph Kennedy,
Jacqueline Kennedy, Edward Kennedy

tat. Kennedy aber griff zum Telefon, um Kings Frau Coretta persönlich seine Empörung mitzuteilen; Robert Kennedy rief den Richter an, der – obwohl Robert Kennedy keinerlei Vollmachten hatte – King umgehend freiließ. Kings Vater sagte: «Ich hatte vorgehabt, gegen Senator Kennedy wegen seiner Religion zu stimmen. Aber jetzt kann er mein Präsident sein, mag er Katholik oder was auch immer sein.» Kennedy kommentierte: *Man stelle sich vor, daß King einen solch bigotten Vater hat. Nun ja, wir haben wohl alle unsere Väter, nicht?* [153] Joseph Kennedy ließ zwei Millionen Flugblätter über die King-Episode drucken und am Sonntag vor der Wahl vor schwarzen Kirchen im ganzen Süden verteilen. Schwarze stimmten zu 70 Prozent für die Demokraten 1960, während sie 1956 zu 60 Prozent für die Republikaner gestimmt hatten.

Kennedy gewann außerdem 78 Prozent der katholischen (Stevenson

1956: 51 Prozent) – und 80 Prozent der jüdischen Stimmen. Und doch ging die Wahl am 8. November 1960 äußerst knapp aus. Ohne Johnsons Sieg in Texas und eine knappe Mehrheit in Illinois, wo die von der Mafia kontrollierten Bezirke Chicagos den Ausschlag gaben, wäre Richard Nixon 1960 Präsident geworden. Bei einer Rekordwahlbeteiligung von 68 836 385 Menschen erhielt Kennedy 34 227 096 Stimmen – d. h. weniger als 50 Prozent; und nur 113 238 (0,1 Prozent) mehr als Nixon.

Aber er hatte gewonnen. *Also richten meine Frau und ich uns auf eine neue Regierung ein – und auf ein neues Baby.*[154] (John jr. wurde am 25. November geboren.) Für Joseph Kennedy war dieser Sieg bittersüß – die Krönung seines Lebenswerks und zugleich der Augenblick, in dem er die Führung der Familie abgeben mußte. «Ich verstehe es nicht», vertraute er einem Freund an. «Er ist überhaupt nicht wie ich. Ich hätte es nie schaffen können.»[155]

Camelot

1. Beginn

Am 20. Januar 1961 leistete John Fitzgerald Kennedy auf den Stufen des Kapitols in Washington den Amtseid als 35. Präsident der Vereinigten Staaten. Er war mit 43 Jahren nicht der jüngste Präsident der amerikanischen Geschichte – nach der Ermordung William McKinleys im Jahre 1901 hatte Theodore Roosevelt mit 42 Jahren das höchste Staatsamt übernommen. Kennedy war aber der jüngste gewählte Präsident und der erste, der im 20. Jahrhundert geboren worden war. Der scheidende Präsident neben ihm, der alte General Eisenhower, schien durch seine bloße Gegenwart Kennedys Anspruch zu bekräftigen, *daß die Fackel an eine neue Generation von Amerikanern weitergegeben worden ist – geboren in diesem Jahrhundert, gestählt durch Krieg, geformt durch einen kalten und bitteren Frieden, stolz auf ihr überkommenes Erbe...* [156]

Mit der Gestaltung der Inaugurationsfeierlichkeiten erhält der amerikanische Präsident die erste Gelegenheit, der Nation seine Auffassung vom Wesen und vom Stil des Amtes darzustellen. George Washington wollte in einem aus Goldfäden gewirkten Anzug in einer goldenen Karosse zu seiner Amtseinführung fahren (der Plan wurde ihm ausgeredet); Thomas Jefferson lief zu Fuß von seiner Pension zu der einfachen Zeremonie im Kapitol; Eisenhower erschien im schlichten schwarzen Anzug und Homburg des amerikanischen Geschäftsmannes vor einer Versammlung von Berufspolitikern und Bürokraten. John F. Kennedy aber schrieb Cut und Zylinder für die Teilnehmer vor – und eingeladen war die Elite des geistigen und künstlerischen Lebens der USA, darunter Arthur Miller, Linus Pauling, Samuel Barber, Igor Strawinsky, Tennessee Williams, Paul Tillich, Reinhold Niebuhr, John Steinbeck, W. H. Auden und Ernest Hemingway – ganz abgesehen von Frank Sinatra und seiner «Rattenbande» (Dean Martin, Sammy Davis Jr. und Kennedys Schwager Peter Lawford), die mit etlichen Stars und Sternchen die ausgelassenen Galadiners und Bälle belebten, die auf die ernste Amtseinführung folgten.

Glanzvoll – so sollte die neue Administration sein. Das Wetter spielte mit: Frischer Schnee war gefallen, auf dem die kalte Januarsonne fun-

20. Januar 1961: Kennedy leistet seinen Amtseid als 35. Präsident der USA. Rechts von ihm Lyndon B. Johnson und Richard Nixon, links (mit weißem Schal) Ex-Präsident Eisenhower

kelte – sie blendete Robert Frost, den inoffiziellen Hofdichter der Demokraten, der nach dem Amtseid ans Mikrofon getreten war, um mit einem eigens für diese Gelegenheit geschriebenen Gedicht ein «neues Augustäisches Zeitalter», ein «goldenes Zeitalter der Poesie und der Macht» zu beschwören.[157] *Eine Feier der Freiheit*[158] nannte Kennedy die Amtseinführung, aber sie hatte auch etwas von der Krönung eines Monarchen (zum erstenmal waren auch Mitglieder der britischen Aristokratie eingeladen) – als ob die «imperiale Präsidentschaft»[159] endlich die ihr angemessene Form gefunden hätte.

2. Die Strategie des Friedens

Dem äußeren Glanz des Ereignisses mit seinem imperialen Unterton entsprachen die hochfliegende Rhetorik und der Inhalt der Antrittsrede, die sich ausschließlich mit weltpolitischen Fragen befaßte. In seiner damals wenig beachteten Abschiedsrede hatte der Berufssoldat Eisenhower vor der «nicht zu rechtfertigenden Zunahme an Einfluß durch den militä-

71

risch-industriellen Komplex» gewarnt: «Das Potential für einen verhängnisvollen Zuwachs an Macht in den falschen Händen existiert und wird fortexistieren.»[160] Von solchen nachdenklichen, selbstkritischen Zwischentönen war Kennedys Rede ganz frei: *Jede Nation, ob sie uns gut oder böse will, soll wissen, daß wir jeden Preis zahlen, jede Last tragen, jedes Opfer bringen, jeden Freund unterstützen, uns aber auch jedem Feind widersetzen werden, um den Fortbestand und den Erfolg der Freiheit zu sichern.*[161]

John Kennedy war entschlossen, im Gegensatz zu Eisenhower, ein starker Präsident zu sein, *alle Vollmachten des Amtes auszunutzen – alle, die festgelegt sind, und manche, die es nicht sind*[162].

Eine seiner Wahlkampfparolen für *die revolutionären sechziger Jahre* hieß: *Eine Zeit für Größe.* Angesichts seines knappen Wahlsiegs, der Mehrheitsverhältnisse im Kongreß (wo eine Koalition aus konservativen Südstaaten-Demokraten und Republikanern jede Gesetzgebungsinitiative des Präsidenten blockieren konnte) und der Struktur der amerikanischen Demokratie, die den Chef der Exekutive zwingt, wegen der kleinsten innenpolitischen Vorhaben ein Arrangement mit den verschiedenen Interessengruppen innerhalb und außerhalb des Kongresses zu suchen, ihm aber fast freie Hand bei der Gestaltung der Außenpolitik läßt, konnte diese *Größe* nur in der Weltpolitik errungen werden.

Kennedys Verurteilung der acht Eisenhower-Jahre als eine Ära der Stagnation bezog sich auch und gerade auf die Außenpolitik: *Wir haben es zugelassen, daß eine weiche Sentimentalität die Atmosphäre bildet, die wir atmen. Und in jener Atmosphäre ist der diffuse Wunsch, Gutes zu tun, zum Ersatz für klare, harte Pläne und Unternehmungen geworden – zum Ersatz für eine Strategie.*[163] Diese Kritik mag zunächst verblüffen: War es nicht Eisenhowers Außenminister John Foster Dulles gewesen, der eine Politik des «roll back», der Zurückdrängung des Kommunismus verkündet hatte? Doch Dulles' vorschnellen und gefährlichen Sprüchen vom «Zurückdrängen» des Kommunismus und der «Befreiung» der Völker Osteuropas entsprachen keine Taten der Eisenhower-Administration, die im Gegenteil den unter Truman begonnenen Korea-Krieg beendete und es tunlichst unterließ, die Volksaufstände in der DDR 1953 oder in Ungarn 1956 zum Versuch einer Veränderung des Status quo in Europa auszunutzen – ein Widerspruch, auf den Kennedy 1958 hinwies: *Zwar ist Don Quijote ein schlechtes Vorbild für diejenigen, die unsere Außenpolitik gestalten – doch Hamlet ist es auch.*[164] Statt dieser Mischung aus romantischer Phrase und praktischem Zaudern versprach Kennedy mit der *Strategie des Friedens… eine langfristige, koordinierte Strategie, mit der wir dem entschlossenen sowjetischen Programm zur Beherrschung der Welt entgegentreten*[165].

An der realen Existenz dieses Weltherrschaftsprogramms ließ Kennedy keine Zweifel aufkommen. Schließlich hatte Nikita Chruschtschow vor dem Obersten Sowjet geprahlt: «Es ist jetzt klar, daß die Sowjetunion die größte Militärmacht der Erde ist.»[166]

Vor dem Senat erklärte Kennedy: *Es könnte durchaus sein, daß sich das Gleichgewicht der Abschreckung derart zugunsten der Sowjets verändert... daß sich ihnen eine neue Abkürzung auf dem Weg zur Weltherrschaft auftut.* Zwar wäre ein Angriff auf die USA auch für die Sowjetunion mit schrecklichen Verlusten verbunden – *Doch unsere Erfahrung mit den unlogischen Entscheidungen eines Adolf Hitler sollte uns gelehrt haben, daß solche Überlegungen die Führer eines totalitären Staates vielleicht nicht abschrecken...*[167]

Der Vergleich der Sowjetunion mit Hitler-Deutschland wirkte durchaus schockierend. Schließlich waren die späten fünfziger Jahre die Zeit des «Tauwetters», der Hoffnung auf ein Ende des Kalten Krieges. Senator Stuart Symington fragte: «Ist der Senator für Massachusetts der Auffassung, daß die Situation, der sich die USA am Ende der fünfziger Jahre gegenübersieht, in erheblichem Maße der Situation vergleichbar ist, der sich die Briten in den späten dreißiger Jahren gegenübersahen?» *Der Senator hat vollkommen recht.*[168]

Die Hauptgefahr sei aber nicht ein direkter Angriff auf die USA: *In den Jahren der Raketenlücke können wir davon ausgehen, daß die Sowjets ihre überlegene Schlagkraft zur Erreichung ihrer Ziele ausnutzen, jedoch auf Wegen, die einen direkten Angriff überflüssig machen werden. Ihre Raketenmacht wird der Schild sein, hinter dem sie langsam, aber sicher vordringen – durch Sputnik-Diplomatie, begrenzte Buschkriege, indirekte, verdeckte Aggression, Einschüchterung und Subversion, Revolution, Anwachsen ihres Prestiges und Einflusses sowie durch die brutale Erpressung unserer Verbündeten. Die Peripherie der Freien Welt wird so Stück für Stück angefressen. Das Gleichgewicht der Macht wird sich langsam zu unseren Ungunsten verändern. Die für unsere Sicherheit lebenswichtigen Schlüsselgebiete werden allmählich von den Sowjets infiltriert und beherrscht werden.*[169]

Der Hinweis auf die *Peripherie der Freien Welt* als Entscheidungsfeld – auf die von der Eisenhower-Administration vernachlässigte Dritte Welt also – ist bezeichnend für Kennedys Denken, das in einem gewissen Sinne das Denken seines Kontrahenten Chruschtschow genau spiegelte. Dieser hatte in einer Rede vor dem Obersten Sowjet am 6. Januar 1961 nicht nur das alte Dogma bestätigt, daß sich die Welt «unbeirrbar» auf den Sozialismus zubewege, sondern die These aufgestellt, die «nationalen Befreiungskriege» in den Ländern der Dritten Welt seien neben der Macht der Sowjetunion «der entscheidende Faktor in diesem weltgeschichtlichen Prozeß».

Es erscheint heute möglich, daß diese Rede Chruschtschows in erster Linie an die Adresse der chinesischen Kommunisten gerichtet war, die mit Lin Piaos Theorie von der Einkreisung der «Weltstadt» durch das

Das Weiße Haus, Amts- und Wohnsitz der amerikanischen Präsidenten

«Weltdorf» und der Behauptung, Chruschtschow habe bei seinem Besuch bei Eisenhower in Camp David 1959 vor den USA kapituliert, der KPdSU die Führung der revolutionären Bewegungen der Dritten Welt streitig machen. Angesichts der Widersprüche zwischen den kommunistischen Mächten konnte es kein einheitliches *Programm zur Beherrschung der Welt* geben. Und was die «Raketenlücke» betrifft, so fanden Kennedy und seine Berater nach der Übernahme der Amtsgeschäfte bald heraus, daß das tatsächliche Raketenpotential der Sowjetunion gerade 3,5 Prozent dessen betrug, was sie 1959 geschätzt hatten![170]

Solche Entdeckungen änderten jedoch nichts an Kennedys Warnungen vor einer globalen kommunistischen Offensive. Am 20. April 1961 – kurz nach dem Scheitern der vom CIA gesteuerten Invasion Kubas – sagte Kennedy: *Macht – das ist das Kennzeichen dieser Offensive – Macht und Disziplin und Verrat. Die berechtigte Unzufriedenheit arbeitender Menschen wird ausgenutzt. Die berechtigte Forderung nach Selbstbestimmung wird erhoben. Aber einmal an die Macht gelangt, verschwindet das Gerede von Unzufriedenheit, verschwindet jegliche Selbstbestimmung, wird die versprochene Revolution der Hoffnung verraten, wie in Kuba, und es entsteht eine Schreckensherrschaft... Wir können es uns nicht erlauben, das hinterhältige Wesen dieses neuen, tieferen Kampfes nicht zu erkennen, wir können uns nicht erlauben, die neuen Ideen, die neuen Mittel, die neue Dringlichkeit nicht zu begreifen, die wir brauchen werden, um ihn zu bestehen – ob in Kuba oder Südvietnam. Und wir können es uns nicht leisten, nicht zu sehen, daß dieser Kampf tagtäglich stattfindet, ohne Fanfaren, in tausend Dörfern und Marktflecken – Tag und Nacht – und in Klassenzimmern auf dem ganzen Erdball.*

Die Botschaft von Kuba, von Laos, die Botschaft des anschwellenden Lärms kommunistischer Stimmen in Asien und Lateinamerika – diese Botschaften sind alle gleich: Die selbstzufriedenen, selbstsüchtigen, weichen Gesellschaften sind dabei, zusammen mit dem Müll der Geschichte hinweggefegt zu werden. Nur die Starken, nur die Fleißigen, nur die Entschlossenen, nur die Mutigen, nur jene Visionäre, die das wirkliche Wesen unseres Kampfes begreifen, werden überleben können.[171]

Es lohnt sich, Inhalt und Tonfall dieser Passage auf sich einwirken zu lassen, um jenen merkwürdigen, ja tragischen Widerspruch zu spüren, der einen Wesenszug der Weltsicht Kennedys ausmacht; denn bei ihm leuchtet – zum erstenmal in der amerikanischen Nachkriegsgeschichte – ein Bewußtsein davon auf, worum es in dem Kampf der Menschen geht, *die in Hütten und Dörfern des halben Erdballs danach trachten, die Bande des Elends zu zerreißen*[172] – um eine *Revolution der Hoffnung.* Aber diese Erkenntnis wird gleichzeitig entwertet, wenn der Einfluß der Kommunisten in den revolutionären Bewegungen auf eine zentral gelenkte Offensive zurückgeführt wird. Denn wenn es stimmt, daß sich *überall auf dem Erdball Freiheit und Kommunismus in einem tödlichen Ringen umklammern*[173] und *daß dieser bittere Kampf in den späten fünfziger und frühen sechziger Jahren seinen Höhepunkt erreichte*[174], so wird die Antwort auf die *Revolution der Hoffnung* letzten Endes doch nur eine Verschärfung des Kalten Krieges sein können. Dem entsprechend wird das Wesen der Herausforderung der *revolutionären sechziger Jahre* in apokalyptischen Wendungen beschrieben, die in ihrem Tonfall fatal daran erinnern, daß der Zwanzigjährige dem britischen Volk *freiwilligen Totalitarismus* als Antwort auf die Offensive des Nationalsozialismus anempfohlen hatte.

Im Gegensatz zu Eisenhower und Dulles, die nicht bemerkten, daß *die*

Kräfte des Nationalismus die geopolitische Karte der Erde neu schreiben[175], hatte Kennedy bereits 1951 erkannt: *Die Feuer des Nationalismus, die so lange geschlummert haben ... sind gezündet worden und stehen jetzt in voller Flamme... Der Kolonialismus ist kein Thema für Gespräche beim Tee – er ist das tägliche Brot für Millionen Menschen.* In Asien gehe *das Gespenst der Revolution um, ein Kampf zwischen Zivilisationen, die um ihre Geburt kämpfen, und solchen, die verzweifelt versuchen, das, was sie so lange besessen haben, zu behalten.* Die Probleme in Asien seien *die unvermeidbaren Geburtswehen des erstarkenden Nationalismus*[176] (also nicht das Ergebnis der kommunistischen Subversion, die Dulles überall witterte), und es sei *schockierend, daß Millionen in Afrika und Asien die Vereinigten Staaten mißtrauisch als Sympathisanten des Kolonialismus und fortgesetzter Herrschaft durch den Westen betrachten.*[177]

Konsequent nahm Kennedy denn auch Stellung gegen den französischen Kolonialkrieg in Indochina, nahm 1957 Kontakte zu Mitgliedern der gegen Frankreich kämpfenden algerischen «Nationalen Befreiungsfront» FNL auf und forderte im selben Jahr in einer Rede vor dem Senat, *Der Kampf gegen den Imperialismus am Beispiel Algerien und Polen,* die

An seinem Schreibtisch im Weißen Haus

USA sollten sich für die Unabhängigkeit Algeriens einsetzen. Wie die meisten Amerikaner setzte Kennedy «Imperialismus» im Grunde mit «Kolonialismus» gleich. Die dreizehn nordamerikanischen Kolonien hatten aber 1776 als erste gegen den Kolonialismus – «Besteuerung ohne Vertretung» – rebelliert. Es gehört zur Tragik seiner Gestalt, daß Kennedy, der forderte: *Wir dürfen nie vergessen, daß wir die Erben jener ersten Revolution sind*[178], selbst nicht erkennen konnte, daß dieses Erbe widersprüchlich ist – daß es sowohl im amerikanischen System des Kapitalismus fortlebt wie in einem Fidel Castro, Che Guevara und Ho Tschi Minh, die nicht nur für die formale Unabhängigkeit ihrer Länder kämpften, sondern auch gegen den «Dollar-Imperialismus» – gegen die Beherrschung ihrer Volkswirtschaften durch übermächtige amerikanische Banken und Konzerne.

Kennedys Ansichten über die Probleme und Entwicklungstendenzen der Dritten Welt wurden stark von seinem Berater Walt W. Rostow beeinflußt, dessen Buch «The Stages of Economic Growth» (Stadien des Wirtschaftswachstums) 1960 erschien.[179] Rostow nannte sein Buch im Untertitel «ein nichtkommunistisches Manifest» – «meine Alternative zum System historischer Analyse, die von Karl Marx entwickelt wurde»[180].

Marx' System ist bereits ein Musterbeispiel an Schematismus, da es die ganze bisherige Menschheitsgeschichte auf das Durchlaufen von vier sozio-ökonomischen Formationen reduziert – Urkommunismus, Sklavenhaltergesellschaft, Feudalismus, Kapitalismus –, auf die zwei weitere – Sozialismus, Kommunismus – notwendig folgen werden. Seine Kraft als Instrument historischer Analyse bezieht der Marxismus aber daraus, daß er Geschichte als widersprüchlichen Prozeß begreift, bei dem die Zwecke der Menschen immer wieder mit den Ergebnissen ihrer Handlungen in Konflikt geraten, bei dem menschliche Institutionen und Ideen als geschichtlich bedingt und also dem geschichtlichen Verschleißprozeß unterworfen erkannt werden. Sein Nutzen und seine Gefahr als Ideologie besteht in seinem Determinismus, der die Unvermeidbarkeit einer sozialistischen Revolution begründet.

Mit dem Marxismus hat Rostows Theorie den Schematismus und den Determinismus gemeinsam. Statt Marx' sechs Stufen der Menschheitsentwicklung unterscheidet Rostow fünf: die «traditionelle Gesellschaft», die «Schaffung der Vorbedingungen zum Take-Off», «Take-Off», «Entwicklung zur Reife» und schließlich das «Zeitalter hohen Massenkonsums». Anders als bei Marx ist die letzte und höchste Stufe der Menschheitsentwicklung also nicht in eine postrevolutionäre Zukunft verlegt, sondern bereits (in den USA etwa) verwirklicht. Anders als bei Marx ist diese Entwicklung nicht sprunghaft und widersprüchlich (indem z. B. Europa das Kapital, das sein «Take-Off» ermöglichte, durch die Ausplünderung weiter Teile Afrikas, Asiens und Lateinamerikas erhielt), sondern gradlinig und evolutionär. In diesem Modell – und hierin liegt sein Nutzen und seine Gefahr als Ideologie – ist der Sozialismus schlicht eine krankhafte Verirrung beim Übergang zum «Take-Off».

Wie Rostow in einer Rede vor Absolventen der Schule für besondere Kriegführung (!) in Fort Bragg am 28. Juni 1961 ausführte: «Wir sind entschlossen, diese internationale Krankheit auszurotten. Dies erfordert natürlich nicht nur ein ordentliches militärisches Abschreckungsprogramm, sondern auch Programme zur Entwicklung auf dem Dorf, zur Kommunikation und zur Indoktrination...»[181] Während der 1036 Tage seiner Präsidentschaft jagte Kennedy verzweifelt der Chimäre einer Bewegung in der Dritten Welt nach, die zugleich radikal und prokapitalistisch, revolutionär und gewaltlos, idealistisch, diszipliniert und anti-kommunistisch sein sollte. Er war von der Gestalt des Guerilla-Kämpfers fasziniert: *Es ist eine Ironie des Schicksals in unserer Zeit, daß ein grausames und diktatorisches Regime mit seinen Methoden in seinen Untergebenen Gehorsam und Eifer weckt, während die Segnungen der Freiheit nur zu oft mit Privilegien, Materialismus und einem bequemen Leben gleichgesetzt wurden.*[182] Es ist auch eine Ironie des Schicksals, daß es Kennedys Experten waren, die zuerst die Lektüre der Theoretiker des Guerilla-Kriegs propagierten. «Alle liefen herum mit Che Guevara und Lin Piao unterm Arm», schreibt der Journalist David Halberstam. «Es war wirklich eine Art romantische Periode, die etwas Naives hatte...»[183] Die Professoren von Harvard und MIT holten den Kult des Guerillas an den Potomac, die Traktate Mao Tse-tungs und Vo Nguyen Giaps ins Bewußtsein der Öffentlichkeit; nach der Ermordung Kennedys und der Desillusionierung durch den Vietnam-Krieg hat die rebellische Hochschuljugend die Traktate und teilweise die Taktiken des Guerilla-Kriegs gegen ihre Professoren und gegen die Regierung gewendet.

Und eine weitere, tragische Ironie war es, daß die idealtypische evolutionäre Entwicklung zum «Take-Off» eine Illusion bleiben mußte – nicht aber jenes «ordentliche militärische Abschreckungsprogramm» zum konterrevolutionären Einsatz gegen Guerilla-Verbände: *Wir müssen die Fähigkeit wiedergewinnen, in jeden begrenzten Krieg überall in der Welt effektiv und schnell einzugreifen...*[184], zum Beispiel *in Form von starken, äußerst mobilen Streitkräften, die für diese Art der Kriegführung ausgebildet sind und zum Teil in gefährdeten Gebieten eingesetzt werden...*[185]. Dies war die wichtigste Komponente der neuen Militärstrategie der *flexiblen Antwort*, die Dulles' Doktrin der «massiven Vergeltung» ersetzte. Gewiß, diese Strategie sollte den Frieden sicherer machen, indem sie den USA im Falle eines örtlich begrenzten Kriegs andere Optionen öffnete als die Alternative atomarer Drohgebärden oder Kapitulation. Aber die Tatsache, daß Kennedy diese militärischen Optionen bereitstellte, machte es wahrscheinlicher, daß sie auch in Betracht gezogen würden – senkte die Schwelle zum Krieg.

Die Betonung der *flexiblen Antwort* und der konventionellen Rüstung

Robert McNamara, 1961 bis 1968 Verteidigungsminister der USA

bedeutete aber nicht die Vernachlässigung der atomaren Streitkräfte – im Gegenteil. Die zweite Komponente der Strategie bestand in der *Entwicklung und Produktion jener letzten Waffen, die die Raketenlücke schließen können*[186]. *Denn nur wenn die Stärke unserer Waffen über jeden Zweifel erhaben ist, können wir ganz sicher ausschließen, daß sie jemals angewandt werden.*[187]

Bei der Verwirklichung dieses Vorhabens war die Administration – nicht zuletzt dank des Organisationsgenies von Verteidigungsminister Robert McNamara, den Kennedy vom Vorstand der Ford Motor Company ins Pentagon holte – äußerst erfolgreich. Am Tag seines Todes konnte Kennedy bei einem Frühstück mit der Handelskammer von Fort Worth, Texas, stolz die Leistungen seiner Regierung auf diesem Gebiet aufzählen: *In den vergangenen drei Jahren haben wir den Verteidigungshaushalt der Vereinigten Staaten um über 20 Prozent erhöht; das Beschaf-*

fungsprogramm für Polaris-Unterseeboote von 24 auf 41 erweitert; unser Programm zum Kauf von Minuteman-Raketen um über 75 Prozent aufgestockt; die Zahl unserer einsatzbereiten strategischen Bomber und Raketen verdoppelt; die Anzahl der den aktiven strategischen Streitkräften verfügbaren Atomwaffen ebenfalls verdoppelt; die in Westeuropa stationierten taktischen Atomwaffen um über 60 Prozent erhöht; die Armee der Vereinigten Staaten um fünf einsatzbereite Divisionen, die Luftwaffe der Vereinigten Staaten um fünf Kampffliegergeschwader erweitert; unsere strategische Luftlandekapazität um 75 Prozent erhöht und die Anzahl unserer in Südvietnam eingesetzten besonderen Anti-Guerilla-Streitkräfte um 600 Prozent.[188] Es war das gigantischste Rüstungsprogramm in Friedenszeiten, das Amerika bis dahin erlebt hatte.

Angesichts solcher Strategien und Zahlen fällt es schwer, der konventionellen Beurteilung der politischen Ziele Kennedys, wie sie etwa der ehemalige deutsche Bundeskanzler Helmut Schmidt formuliert, zuzustimmen: «Rückblickend kann man sagen, daß die Vereinigten Staaten von Amerika, die unter John Foster Dulles' Führung vom containment [Eindämmung] zum rollback übergehen wollten, tatsächlich 1961 unter Kennedys Führung wieder beim containment angelangt sind.»[189] Kennedys Politik zielte eben nicht nur darauf, *Dämme gegen die Flut* zu errichten. So heißt zwar die deutsche Übersetzung des Titels einer Auswahl der Reden Kennedys als Präsident – ein Titel, der in der Tat an die Politik der «Eindämmung» erinnert. Doch der amerikanische Titel heißt *To Turn the Tide*, was soviel heißt wie *der Gezeiten Lauf verändern*, das Blatt zu wenden – oder *die Grenzen der Freiheit in der Welt zu schützen und zu erweitern*[190].

Diese Politik stand durchaus in der Tradition der Demokratischen Partei und ihrer Vorläuferinnen – der Partei der amerikanischen Expansion: des Louisiana-Ankaufs, der Monroe-Doktrin, der Annexion von Texas, der Vertreibung Mexikos aus dem Südwesten und aus Kalifornien – der Partei jener Missionare der Demokratie Woodrow Wilson, Franklin D. Roosevelt und Harry Truman, als deren Erbe sich Kennedy fühlte: *Es ist eine Tatsache, daß die Vitalität des amerikanischen Systems unter ihrer Präsidentschaft am meisten entwickelt wurde...*[191] In seinem Gedicht zur Amtseinführung hatte Robert Frost von den «wimmelnden Rassen» gesprochen, denen als Amerikas «Mündel» «beizubringen [sei], wie Demokratie gemeint ist»[192] – das klang wie ein Echo auf den Zuruf des britischen Dichters Rudyard Kipling (1865–1936) an die USA, «die Bürde des weißen Mannes aufzunehmen».

Gerade der liberale, intellektuelle Flügel der Demokraten um die «Americans for Democratic Action» befürwortete von vornherein eine offensive Haltung angesichts der Herausforderung durch die sowjetische Expansion nach 1945, im Gegensatz etwa zu Kapitalisten wie Joseph Kennedy, über die Arthur M. Schlesinger, Jr. 1947 geschrieben hatte: «Selbst in

Kennedy beobachtet den Start einer Polaris-Rakete

Amerika, dem Vaterland der Kapitalisten, scheint der Todestrieb der Geschäftsleute über die üblichen Grenzen politischer Inkompetenz hinauszugehen... Die Außenpolitik dieser Leute kann als Feigheit charakterisiert werden, die mit moralischen Grundsätzen rationalisiert wird. Die große Weigerung, die russische Herausforderung anzunehmen, ist absolut typisch. Joseph P. Kennedy, der Nestor amerikanischer Kapitalisten, hat neulich argumentiert, die Vereinigten Staaten sollten nicht versuchen, der Ausbreitung des Kommunismus Widerstand zu leisten... [Er] exemplifiziert den Todeswunsch der Kapitalisten.»[193]

Liberale – und auch John F. Kennedy, der sich in den fünfziger Jahren zunächst von den Liberalen distanziert hatte und sich später als *einen praktischen, einen pragmatischen Liberalen*[194] bezeichnete – fanden in der Zuspitzung des Kalten Krieges, in der Vorstellung, *Hauptverteidiger der Freiheit in einer Zeit zu sein, in der die Freiheit weltweit unter Beschuß steht*[195], bei der es um nichts weniger als *um den Erhalt der Zivilisation geht*[196], einen Ersatz für die existentielle Krise der späten zwanziger Jahre, aus der Roosevelts Reformprogramm geboren worden war: eine

Begründung nicht nur für fortgesetzte Hochrüstung, die Vollbeschäftigung für ihr Arbeiterklientel garantierte, sondern vor allem für eine wachsende Rolle des Staates im Leben der Gesellschaft zur Sicherung der Konkurrenzfähigkeit des Systems; und für die zentrale Stellung der Intellektuellen innerhalb des Staatsapparats als Autoren globaler Lösungen für globale Probleme: *Außenpolitische Fragen sind so differenziert und technisch, daß Menschen, die nicht Woche für Woche, Monat für Monat aufs engste damit befaßt sind, zu Urteilen kommen, die auf Emotionen beruhen, nicht auf einer Kenntnis der wirklichen Alternativen* [197].

Emotionslosigkeit («coolness»), Illusionslosigkeit («toughness») – das waren die Eigenschaften, auf die die Intellektuellen stolz waren, die Kennedy aus den renommiertesten Universitäten und Instituten des Landes nach Washington holte. Ihre Ideologie hieß «Pragmatismus» (nicht zu verwechseln mit der von Charles Pierce, William James und John Dewey begründeten philosophischen Schule) – der Kult *wirklicher Alternativen* («Optionen»), der Machbarkeit, der Effizienz, der Wissenschaftlichkeit, der Quantifizierbarkeit. Aber die Voraussetzungen, innerhalb derer nach Optionen gesucht werden sollte, konnte der Pragmatismus nicht bestimmen; sie blieben ideologischer Natur – etwa: *Die Welt kann nicht bestehen halb versklavt und halb frei.* [198] Die Worte stellen bewußt eine Parallele zu Lincolns berühmten Worten über die amerikanische Union her; aber bedeuteten sie, daß Kennedy einen Krieg der Systeme für ebenso unvermeidbar hielt wie den Amerikanischen Bürgerkrieg?

3. Die Politik der Krisen

Worte beeindrucken Herrn Chruschtschow nicht, und auch nicht Herrn Castro. Reden beeindrucken sie nicht. Was sie beeindruckt, ist Macht. Was sie beeindruckt, ist Stärke. [199] Sosehr Kennedy versuchte, das Ideal der Pragmatiker – kühle Rationalität – zu verkörpern, seine Sicht der Welt und seiner eigenen Rolle in ihr verrät eine Haltung, die eher existentialistisch als pragmatisch ist: *Die Ereignisse und Entscheidungen der nächsten zehn Monate können durchaus das Schicksal des Menschen für die nächsten zehntausend Jahre entscheiden. Diesen Ereignissen wird nicht auszuweichen sein.* [200] *Wir werden uns einer Herausforderung nach der anderen ausgesetzt sehen...* [201] *Bevor meine Amtszeit abgelaufen ist, werden wir erneut den Beweis dafür zu erbringen haben, ob eine Nation, organisiert und regiert wie die unsrige, fortdauern kann. Das Ergebnis ist keineswegs sicher...* [202] (Der vorletzte Satz ist wieder eine Paraphrase der Worte Lincolns, aus der berühmten Ansprache auf dem Schlachtfeld und Friedhof von Gettysburg.) Und in der Antrittsrede findet sich jene dunkle Passage, in der von *der Last eines langen Kampfes im Zwielicht der Dämmerung* [203] die Rede ist. Amerika stehe *einer tödlichen Gefahr gegenüber, schlimmer*

Der Astronaut John Glenn, der im Februar 1962 dreimal die Erde umflogen hat, erklärt dem Präsidenten die Raumkapsel «Friendship 7»

als jede Gefahr, die wir bisher in Kriegszeiten gekannt haben[204] – doch: *In der langen Geschichte dieser Welt ist es nur wenigen Generationen vergönnt gewesen, die Rolle der Verteidiger der Freiheit in der Stunde der höchsten Gefahr zu übernehmen. Ich schrecke vor dieser Aufgabe nicht zurück – ich begrüße sie.*[205]

Alle, die ihn kannten, bestätigen, daß Kennedy in Krisen auflebte – wach, entschlossen, ja zuweilen euphorisch wirkte. Auch sein eigenes Leben hatte John Kennedy als eine Gratwanderung, als ständig gefährdet, als einen *langen Kampf im Zwielicht*, als eine Serie von Krisen erlebt; und die Krise, davon war er überzeugt, brachte das Beste im Menschen hervor: *Aus großen Krisen erstehen große Männer und große, mutige Taten.*[206] Mut war für Kennedy *die bewundernswerteste aller menschlichen Tugenden*[207]; und *nur sehr mutige Männer werden in der nahen Zukunft*

83

imstande sein, die harten und unpopulären Entscheidungen zu treffen, die uns aus dem Kampf auf Leben und Tod mit dem mächtigen Feind erwachsen...[208]. Krisen waren John F. Kennedys Lebenselement; und es traf sich, daß sich seine Amtszeit wie die keines seiner Vorgänger und Nachfolger als eine fast ununterbrochene Folge existentieller Krisen darstellte. Doch manchmal hatte es den Anschein, als seien diese Krisen Ausdruck einer sich selbst erfüllenden Prophezeiung – und dies nirgends deutlicher als in der ersten Krise seiner Amtszeit, in Kuba.

4. Die Schweinebucht

1959 stürzten Fidel Castros bärtige Guerrilleros Kubas Diktator Fulgencio Batista, der 1934 mit Unterstützung Roosevelts die Macht auf der Insel übernommen und sie zu einem Paradies für amerikanische Investoren, Touristen und Mafiosi gemacht hatte. Castros Bodenreform und Enteignungen, seine zunehmende Orientierung an der Sowjetunion brachten ihn bald in Konflikt mit der Eisenhower-Regierung, die am 13. Januar 1961 die diplomatischen Beziehungen zu Havanna abbrach.

Kennedys Beziehung zu Castro war ambivalent: *Fidel Castro ist auch ein Erbe Bolívars, der seine Männer über die Anden führte und der spanischen Herrschaft ‹Krieg bis zum Tod› ansagte... Castro ist auch Erbe der Frustration jener Revolution, die den Krieg gegen Spanien gewann, aber die einheimische Feudalordnung weitgehend unangetastet ließ... Ob Castro einen rationaleren Kurs eingeschlagen hätte, wenn die Regierung der Vereinigten Staaten den Diktator Batista nicht so lange und so unkritisch unterstützt hätte und wenn sie dem feurigen jungen Rebellen einen herzlicheren Empfang, besonders bei seiner Reise in unser Land, bereitet hätte, können wir nicht mit Sicherheit sagen...*[209], jedoch: *Wir weigerten uns, Kubas verzweifeltem Verlangen nach wirtschaftlichem Fortschritt entgegenzukommen... Wir benutzten den Einfluß unserer Regierung, um die Interessen und Profite der privaten amerikanischen Gesellschaften zu fördern, die die Wirtschaft der Insel beherrschten.*[210]

Das ist eine Analyse, die an Klarheit und Schonungslosigkeit nichts zu wünschen übrig läßt. Es schimmert sogar etwas wie Begeisterung und Mitgefühl für den *feurigen jungen Rebellen* durch – ganz im Gegensatz zur Anti-Castro-Hysterie, die breite Teile der amerikanischen Bevölkerung erfaßt hatte. Doch Verständnis und Mitgefühl hinderten Kennedy nicht daran, diese Hysterie etwa bei den Fernsehdebatten gegen Nixon auszunutzen: *Nachdem sie die Warnungen unserer Botschafter ignorierten, die Kommunisten seien dabei, Kuba zu übernehmen – nachdem sie hilflos zugesehen haben, wie die Russen nur 90 Meilen von unserer Küste entfernt einen neuen Satelliten etablierten – nach zwei Jahren der Untätigkeit haben Herr Nixon und die Republikaner keinen Versuch unternommen, diese un-*

Fidel Castro

glaubliche Geschichte von Fehlern, Untätigkeit, Rückzug und Versagen gutzumachen... Wir müssen den Versuch unternehmen, die nichtbatistischen demokratischen Anti-Castro-Kräfte im Exil und in Kuba selbst zu unterstützen, auf denen die Hoffnung auf einen schließlichen Sturz Castros ruht. Bisher haben diese Freiheitskämpfer so gut wie keine Unterstützung seitens der Regierung genossen.[211]

Solche offene Aufforderung zum Sturz Castros nannte Nixon «gefährlich und verantwortungslos» – dabei wußte er, daß die Regierung einige tausend Exilkubaner bereits mit Waffen, Schiffen und CIA-Ausbildern versorgt hatte und daß sie in Lagern in Honduras und Nicaragua nur auf das Zeichen zur Invasion ihrer Heimat warteten.

Es wird gelegentlich behauptet, Kennedy sei gegenüber den Invasionsplänen skeptisch gewesen, habe letztlich der Aktion nur deshalb zugestimmt, weil er sonst ein «Entsorgungsproblem» gehabt hätte – wohin mit den schießwütigen und enttäuschten Kubanern? Solche Argumentation verkennt nicht nur, daß Kennedy selbst eine solche Aktion gefordert hatte, sondern auch, wie sehr der Gedanke an eine antikommunistische Guerilla-Aktion seinen romantischen Vorstellungen davon, wie *der Gezeiten Lauf zu ändern* wäre, entsprach. *Jeder hält sich jetzt die Eier, das weiß ich*[212], sagte er, als er die Operation in Gang setzte – jetzt galt es aber, Mut zu beweisen.

Als Landungsort wurde die Bahia de Cochinos (Schweinebucht), 150 Kilometer südlich von Havanna, ausgewählt. Sollte die Invasion mißglücken, so versicherte der CIA, könnten die Freiheitskämpfer in die Berge gehen und von dort aus den erwarteten allgemeinen Volksaufstand gegen Castro unterstützen. Am 14. April schifften sich die 1500 Mann der «Brigade 2506» in Puerto Caberas (Nicaragua) ein. Nicaraguas Diktator Somoza winkte der abfahrenden Invasionstruppe zu.

Militärisch und politisch wurde das kubanische Abenteuer zu einem Fiasko. Am 15. April griffen exilkubanische Piloten in getarnten amerikanischen Maschinen Castros Luftwaffe an. Sie zerstörten jedoch nur fünf von 29 Flugzeugen und alarmierten die Kubaner. Als die Invasionstruppe Kuba erreichte, hatte Castro bereits seine Truppen zusammengezogen. Das Schiff, auf dem die Exilkubaner unvorsichtigerweise ihre gesamte Munition sowie ihre Funkausrüstung transportiert hatten, wurde gleich versenkt. Drei Tage lang kämpften sie tapfer und ohne Hoffnung am Strand der Schweinebucht gegen eine gewaltige Übermacht – der Weg in die Berge war ihnen durch Sümpfe versperrt, die anscheinend keinem der Planer auf den Landkarten aufgefallen waren. Da die kubanische Luftwaffe weitgehend intakt geblieben war, wäre selbst ein Rückzug – geschweige denn ein Sieg – nur möglich gewesen, wenn Kennedy den Einsatz amerikanischer Maschinen befohlen hätte, wozu ihn auch der CIA und die Militärs drängten. Das allerdings lehnte er ab. War die Planung der Invasion vielleicht eine Don Quijoterie, so bewies Kennedy bei der Durchführung – nicht zum letztenmal und zum Glück für den Frieden der Welt –, daß ihm das Zaudern eines Hamlet durchaus nicht fremd war.

Die Niederlage war bitter – um so bitterer, da die Aktion geradezu symbolhaft für eines der programmatischen Ziele der Regierung gewesen war. Mit einem Schlag schien Kennedy sein Prestige in der Welt verloren zu haben – nicht weil Amerika als Aggressor, sondern weil es als Verlierer dastand. Als er Jacqueline vom Scheitern der Invasion berichtete, war er den Tränen nahe. In der Öffentlichkeit übernahm er die volle politische Verantwortung: *Der Sieg hat hundert Väter, die Niederlage ist eine Waise. Der Präsident trägt die Last der Verantwortung. Die Berater können sich auf neue Ratschläge besinnen.*[213] (Weit davon entfernt, ihm zu schaden, brachte ihm das kubanische Abenteuer zu Hause noch mehr Sympathien

Robert Kennedy, 1961 bis 1964 Justizminister der USA

ein: War Kennedy von nicht einmal ganz 50 Prozent der Wähler gewählt worden, so lag die «Zustimmungsrate» bei Meinungsumfragen im März 1961 bereits bei 72 Prozent und stieg nach der Schweinebucht sogar auf 83 Prozent – nur 5 Prozent mißbilligten seine Amtsführung. Diese enorme Popularität hielt bis Ende 1962 an.)

Die Bitterkeit gegen die Berater, besonders vom CIA, blieb jedoch: *Es ist eine verdammt unangenehme Art zu lernen, aber aus dieser Affäre habe ich eines gelernt – nämlich, daß wir mit dem CIA fertig werden müssen.*[214] Ende 1961 nahm CIA-Direktor Allan Dulles seinen Hut; im Februar 1962 ging auch Richard Bissell, der für die Planung der Kuba-Operation unmittelbar verantwortlich gewesen war. Kennedy ernannte seinen Bruder Robert, den er als Justizminister in sein Kabinett geholt hatte und der in der Krise sein wichtigster Vertrauter geworden war, zu seinem «persönlichen Vertreter» beim CIA. Doch das Gefühl, die als Erniedrigung durch Castro empfundene Niederlage ausgleichen zu müssen, verlangte nach mehr. Unter dem gemeinsamen Vorsitz General Maxwell Taylors (ab 1962 Generalstabschef) und Robert Kennedys wurde die «Special Group for Counterinsurgency» (Sondergruppe zur Aufstandsbekämpfung) gebildet, die ihrerseits die Operation «Manguste» initiierte.

Das Ziel dieser Operation war es, *Kuba zu helfen, das kommunistische Regime zu stürzen*[215] – ausgehend davon, daß es, wie Robert Kennedy formulierte, «auf lange Sicht kein Zusammenleben mit Castro als Nachbarn geben kann»[216]. Die «Arbeitsgruppe W», die mit der Ausführung dieser Pläne befaßt war, hatte einen Jahresetat von 50 Millionen Dollar, beschäftigte etwa 400 Staatsbürger der USA und 2000 kubanische Agenten, besaß Stützpunkte in Washington und Miami, Schiffe, Flugzeuge sowie 50 Tarnorganisationen und -firmen. Die «Arbeitsgruppe W» führte einen regelrechten geheimen Krieg gegen Kuba, zu dem das Anzünden von Zuckerrohrfeldern und Sabotage gegen Brücken und Produktionseinrichtungen gehörte. Zu ihren abenteuerlichen Plänen zählten Versuche, Castro mit einer vergifteten Zigarre zu töten, ihm ein Enthaarungsmittel einzuflößen (der Ausfall seines Bartes sollte ihn lächerlich machen) oder per Flugblatt Kopfgelder für Kommunisten anzubieten (5000 Dollar für einen Denunzianten, 100 000 Dollar für Regierungsbeamte, aber nur 2 Centimos für Castro – wieder, um ihn lächerlich zu machen). Zu den beunruhigendsten Aspekten der «Operation Manguste» gehörte die Aufnahme von Verbindungen zu führenden Mafiosi wie Sam Giancana, Johnny Roselli und anderen. Während Robert Kennedy als Justizminister einen regelrechten Krieg des FBI gegen das organisierte Verbrechen (den «inneren Feind») ankündigte, beauftragte der CIA mit Wissen Robert Kennedys Gangster – als Geschädigte der kubanischen Revolution – mit der Ermordung eines außenpolitischen Gegners. Merkwürdigerweise versagte die sonst so effiziente Mafia bei dieser Aufgabe vollständig. Die Mordkomplotte des CIA gingen aber weiter, da es gelungen war, einen Major der kubanischen Armee und Vertrauten Castros als Agenten zu rekrutieren: Rolando Cubela, der den Codenamen AM/LASH erhielt. Cubela hatte 1956 Batistas Abwehrchef Blanco Rio im Auftrag Castros ermordet. Nun signalisierte er seine Bereitschaft, einen Putsch gegen Castro zu organisieren. Bei einem Treffen mit Desmond FitzGerald, Chef der «Arbeitsgruppe W» und Freund Robert Kennedys, wurde Cubela die Lieferung von Gewehren und Sprengstoff zugesichert. Außerdem erhielt AM/LASH von FitzGerald einen Kugelschreiber, der eine vergiftete Nadel abschießen konnte. Das Treffen Cubelas mit FitzGerald fand am 22. November 1963 statt.

Wieviel wußte John Kennedy von alledem? Das wird sich wohl nie feststellen lassen, da ein Grundprinzip solcher Operationen die sogenannte «deniability» ist: Der Präsident muß, falls sie bekannt werden, ohne Angst vor lästigen Zeugen und Dokumenten Wissen und Verantwortung leugnen können. Es ist aber aktenkundig, daß Robert Kennedy über die

General
Maxwell Taylor

Mordpläne des CIA informiert war, ja sie geradezu forcierte, und es erscheint kaum glaubhaft, daß er seinem Bruder nichts davon erzählt hätte. Wahrscheinlich wußte auch Fidel Castro von diesen Operationen – sei es durch Cubela, der möglicherweise ein Doppelagent war, sei es durch die Mafia, sei es durch Agenten in den Reihen der Exilkubaner. Am 7. September 1963 gab Castro ein Interview, in dem er die Initiatoren der Mordkomplotte eindeutig warnte: «Wir sind bereit... es ihnen mit gleicher Münze heimzuzahlen. Die Führer der Vereinigten Staaten sollten bedenken, daß sie selbst nicht sicher sein werden, wenn sie terroristische Pläne zur Liquidierung kubanischer Führer unterstützen.» Der Text dieses Interviews erschien am 9. September in verschiedenen Zeitungen, darunter auch der «New Orleans Time-Picayune», wo er sicherlich nicht der Aufmerksamkeit Lee Harvey Oswalds entging, Gründer und einziges Mitglied der Sektion New Orleans des Komitees «Gerechtigkeit für Kuba».

5. Vietnam

Ein Resultat des Fiaskos in der Schweinebucht war eine gesteigerte Skepsis Kennedys gegenüber den Ratschlägen der Militärs, die den Präsidenten im Frühjahr 1961 zu einem Einsatz amerikanischer Truppen in Laos drängten. Dort hatte der CIA 1959 eine prowestliche Regierung an die Macht gebracht und damit den neutralistischen ehemaligen Staatschef Suvanna Phuma in die Arme der kommunistischen Pathet-Lao-Guerillas getrieben, die nun die Regierung in Vientiane zu überrennen drohten. Die Situation war völlig verfahren. *Was auch immer in Laos passiert*, hatte Kennedy 1960 gestöhnt, *eine amerikanische Invasion, ein Sieg der Kommunisten, was auch immer: Ich wünschte, es würde passieren, bevor wir rankommen und die Schuld dafür bekommen.*[217] Kennedy beschloß, Verhandlungen mit der Sowjetunion über eine Neutralisierung des Landes aufzunehmen. Zwar bedeutete diese Lösung de facto die Teilung des Landes, zwar führten Nordvietnam und der CIA dort ihren Stellvertreterkrieg weiter – aber sie verhinderte, daß Laos zum großen Schlachtfeld des zweiten Indochina-Kriegs wurde: *Wenn wir in Südostasien kämpfen müssen, laßt uns in Vietnam kämpfen. Die Vietnamesen sind wenigstens engagiert, sie werden kämpfen. Es gibt in Südvietnam eine Million Menschen, die vor dem Kommunismus geflüchtet sind. Vietnam ist der richtige Ort.*[218]

Und in Vietnam wurde gekämpft. Bei Kennedys Amtsantritt waren 685 amerikanische Militärs (als «Berater») in Südvietnam. Als er starb, waren es über 16000. 1961 wurden vierzehn Amerikaner getötet oder verwundet, 1963 waren es 489.[219] (Als am 29. April 1975 Saigon evakuiert wurde, waren 216000 Soldaten nach Vietnam geschickt worden; 47318 Amerikaner waren gefallen – fast so viele wie im Ersten Weltkrieg.) Präsident Kennedy war es, der amerikanische Artillerie, Kampfbomber und Hubschrauber nach Vietnam beorderte; die von ihm ins Leben gerufene «Special Group» unter Maxwell Taylor und Robert Kennedy ließ Napalm und – unter dem verräterischen Codenamen «Operation Hades» – Entlaubungsmittel einsetzen; Kennedy selbst regte die Bildung einer Elite-Einheit zum Einsatz gegen die Vietcong-Guerillas an und kümmerte sich persönlich um alle Einzelheiten ihrer Ausrüstung – bis hin zu ihrer Uniform. In Anlehnung an die von Kennedy bewunderten britischen «Commandos», die in Malaya erfolgreich einen kommunistischen Guerilla-Krieg erstickt hatten, trugen sie grüne Mützen und wurden also «Green Berets» genannt. Der CIA wurde – einen Monat nach der Schweinebucht – ermächtigt, *in Nordvietnam... ein Netz von Widerstandsnestern* zu *knüpfen, das aus versteckten Kampfbasen und kleinen Gruppen besteht, die Sabotage und leichte Störaktionen durchführen.* Die südvietnamesische Armee sollte in die Lage versetzt werden, *Stoßtruppunternehmen... nach Nordvietnam hineinzutragen.*[220]

Wenn Kuba und Laos zum Erbe der Eisenhower-Administration ge-

Ho Tschi Minh Ngo Dinh Diem

hörten, so war der Sumpf des Vietnam-Kriegs, in dem schließlich alle Hoffnungen der «Neuen Pioniergrenze» und der «Großen Gesellschaft» Lyndon B. Johnsons steckenblieben, ein Vermächtnis Kennedys.

Dabei müßte er es doch besser gewußt haben. Als die von Ho Tschi Minh geführte Vietminh-Bewegung nach dem Zweiten Weltkrieg für die Unabhängigkeit Indochinas von Frankreich zu kämpfen begann, gehörte Kennedy zu den wenigen einflußreichen Amerikanern, die den Versuch Frankreichs, *an den Resten seines Kolonialreichs festzuhalten*, verurteilte. *Die Kommunisten könnten die indochinesische nationalistische Bewegung in ihre Hand bekommen,* wenn der Westen nicht bereit sei, anzuerkennen, *daß jedes Land ein Recht auf seine Unabhängigkeit hat.*[221] Ho Tschi Minh sei zwar Kommunist, doch habe er *in allen Schichten der Gesellschaft Einfluß, weil er jahrelang den französischen Kolonialismus bekämpft hat*[222]. Entschieden lehnte Kennedy ein militärisches Eingreifen der USA auf seiten der Franzosen ab, deren Armee bei Dien Bien Phu 1954 in einen Vernichtungskessel geraten war: *Keine noch so starke amerikanische Militärhilfe für Indochina kann einen Feind besiegen, der überall und nirgends ist, einen ‹Feind des Volkes›, der die Sympathie und heimliche Unterstützung des Volkes hat.*[223] *Mir scheint, wir könnten in eine Situation geraten, bei der wir vor der Wahl stünden, entweder gar keine Unterstützung zu geben oder aber eine falsche Form der Unterstützung, die die Völker großer Gebiete der Erde uns entfremden würde, denen unsere Heilungsmethoden schlimmer erscheinen könnten als die Krankheit selbst.*[224]

Prophetische Worte! Wie konnte der Mann, der sie ausgesprochen hatte, zulassen, daß Amerika in eben diese Situation geriet? Nach der französischen Niederlage bei Dien Bien Phu beschloß die Genfer Indochina-Konferenz 1954 die Unabhängigkeit und vorläufige Teilung Vietnams: Ho Tschi Minh errichtete im Norden eine «Volksdemokratie» nach chinesischem Muster, der Süden blieb westliche Einflußzone. Wahlen in ganz Vietnam waren für 1956 vorgesehen. Als deutlich wurde, daß Ho Tschi Minh diese Wahlen gewinnen könnte, verzichtete das aus ehemaligen Kolonialbeamten bestehende südvietnamesische Regime auf ihre Durchführung – unterstützt von John Foster Dulles, der sich geweigert hatte, den Genfer Vertrag zu unterzeichnen. 1959 verkündete «Onkel Ho» in Hanoi die Unterstützung des bewaffneten «nationalen Befreiungskampfs» im Süden. Präsident Südvietnams war Ngo Dinh Diem, ein gläubiger Katholik, der aus einem Kloster bei New York in seine Heimat zurückgekehrt war – ein aufrechter Mann, frei von Korruption, der aber – wie seine ganze Administration, die sich allein auf die frankophile und hauptsächlich katholische Oberschicht stützte – keine Ahnung von den Sorgen der armen Bauern hatte, die die Mehrheit der Bevölkerung bildeten und zudem Buddhisten waren. Angesichts des eskalierenden Guerilla-Kriegs und wachsender Unzufriedenheit in der Bevölkerung über ausbleibende Reformen, korrupte Beamte, ungerechte und hohe Besteuerung, Terrorisierung der Opposition und Diskriminierung von Buddhisten zog sich Diem immer mehr in seine Selbstgerechtigkeit zurück und überließ die Regierungsgeschäfte seinem skrupellosen Bruder Nhu und dessen ehrgeiziger Frau. Die gewaltige Entwicklungs- und Militärhilfe der USA versickerte derweil in den Taschen hoher Beamter und örtlicher Militärmachthaber.

Kennedy hatte bereits 1956 gewarnt: *Wir sollten nicht versuchen, uns die Freundschaft der Vietnamesen zu erkaufen. Wir können auch nicht ihre Herzen gewinnen, indem wir sie von unseren Almosen abhängig machen. Was wir ihnen bieten müssen, ist eine Revolution – eine politische, ökonomische und soziale Revolution, die allem, was die Kommunisten zu bieten haben, weit überlegen ist – weit friedlicher, weit demokratischer...*[225] Diese Revolution war bis 1961 ausgeblieben, aber die zugleich idealistische und pragmatische, von der Machbarkeit aller ihrer Vorhaben überzeugte neue Administration ging mit Elan daran, den Vietnamesen diese Revolution zu bringen. Kernpunkt war Rostows Konzept der «strategischen Dörfer», und das Scheitern dieses Konzepts ist symptomatisch für die Grenzen, die dem *Ausbau des Vorfelds der Freiheit*[226] gesetzt waren.

Da die Vietcong-Kämpfer Mao Tse-tungs Anweisung folgten, im Volk «wie ein Fisch im Wasser zu schwimmen», sollten die strategischen Dörfer – wie eine mittelalterliche Burganlage mit Erdwall und Wassergraben umgeben, von einer Miliz bewacht – den Fischen das Wasser entziehen: die Guerilla vom Volk trennen. Gleichzeitig sollten die strategischen Dörfer den dankbaren Bauern die Segnungen der Zivilisation bringen: Schulen, Krankenhäuser, Hygiene, Elektrizität. Wie Ölflecke würden sie sich über das Land ausbreiten und die Kommunisten ersticken.

Die Wirklichkeit sah anders aus: Die Zwangsumsiedlung der Bauern aus ihren angestammten Dörfern erbitterte sie noch mehr; das Geld für die geplanten sozialen Einrichtungen wanderte wie bisher in die Taschen korrupter Beamter; und die schlecht ausgebildeten und demoralisierten Milizsoldaten lieferten ihre teuren amerikanischen Waffen oft kampflos den Vietcong aus. *Wir können diejenigen nicht retten, die nicht gerettet werden wollen*, hatte Kennedy 1954 erkannt[227] – doch genau das versuchten die Amerikaner zehn Jahre später zu tun. Nirgends war das deutlicher als beim Militär, wo die amerikanischen Berater die südvietnamesischen Offiziere dazu bringen wollten, ihre Soldaten gegen den Feind zu führen – ohne zu begreifen, daß für einen Südvietnamesen aus der Oberschicht der Sinn des oft teuer erkauften Offizierspatents eben darin lag, sein Leben nicht mehr riskieren zu müssen. So mußten immer mehr amerikanische Entwicklungshelfer und Militärberater ins Land gebracht werden – und je mehr Amerikaner kamen, desto mehr überließen die Südvietnamesen ihnen den Krieg.

In der letzten Analyse ist es ihr Krieg, sagte Kennedy im September 1963. Das stimmte aber bereits nicht mehr. *Sie müssen ihn gewinnen oder verlieren... sie, das Volk Vietnams, gegen die Kommunisten.*[228] Hier, wie in Kuba, glaubte Kennedy, *das Volk* sauber von *den Kommunisten* trennen zu können. Dieser Glaube kommt auch in der Anweisung zum Ausdruck, Flugblätter über Nordvietnam abzuwerfen, *um die Kommunisten zu stören und die Moral des nordvietnamesischen Volkes aufrechtzuerhalten*[229]. Doch diese saubere Unterscheidung war ebenso unmöglich wie die Unterscheidung zwischen einem Krieg der Vietnamesen und einem Krieg Amerikas.

Sie stimmte auch deshalb nicht, weil die USA ein strategisches Interesse an Vietnam hatten: *Rückblickend ist es wahrscheinlich richtig, daß es nicht klug war, sich in Laos hineinziehen zu lassen, aber wie kommen wir aus Südkorea heraus, aus Südvietnam?*[230] Seit dem Beginn des antikolonialistischen Kampfs in Südostasien war die amerikanische Politik von der «Domino-Theorie» beherrscht, derzufolge ein kommunistischer Sieg

Pressekonferenz in Washington, März 1961

in einem Land den Zusammenbruch der ganzen Region nach sich ziehen würde: *Ich glaube daran... China ist so riesig, lauert jenseits der Grenzen, und fiele Südvietnam, so hätten sie nicht nur eine verbesserte geographische Ausgangsposition für einen Guerillaangriff auf Malaya, sondern der Eindruck würde entstehen, daß die Chinesen und die Kommunisten in Südostasien die Welle der Zukunft darstellen. Also, ich glaube daran...*[231] (Der Begriff «Welle der Zukunft» stammt von Oswald Spengler, der in seinem Buch «Der Untergang des Abendlandes» spekuliert hatte, die mongolischen Rassen seien die «Welle der Zukunft».) *Was mir Sorgen macht, ist, daß die Amerikaner ungeduldig werden, daß sie sagen werden, weil ihnen die Ereignisse in Südostasien nicht gefallen oder weil sie die Regierung in Saigon nicht mögen, daß wir uns zurückziehen sollten. Das macht es nur leicht für die Kommunisten. Ich glaube, wir sollten bleiben.*[232]

Und Robert Kennedy, der die Ansichten seines Bruders immer gröber, eindeutiger, direkter formulierte, sagte 1962, die Lösung des Kriegs in Vietnam «liegt darin, daß wir ihn gewinnen. Das hat der Präsident denn auch vor.» – «Wir werden ihn gewinnen, und wir werden hierbleiben, bis wir ihn gewonnen haben.»[233]

General Maxwell Taylor, Kennedys Generalstabschef, nannte 1963 einen weiteren Grund für einen Verbleib in Vietnam: «Hier haben wir ein funktionierendes Laboratorium, in dem wir den subversiven Aufstand, die Anwendung der Ho Tschi Minh-Doktrin in allen ihren Formen, studieren können... Auf der militärischen Seite jedenfalls haben wir die Bedeutung der Region als Labor erkannt...»[234] Taylor hätte es auch für politisch richtig gefunden, die Franzosen 1954 militärisch zu unterstützen: «Leider existierten damals solche Streitkräfte weder in genügender Stärke noch in der richtigen Ausgangsposition, um irgendeine Hoffnung auf Erfolg zu bieten...»[235] Darauf hatte Kennedy schon 1954 hingewiesen: Wir *müssen uns fragen, was die neue Dulles-Strategie mit ihrer Abhängigkeit von der Androhung atomarer Vergeltung in diesen Gebieten des Guerilla-Kriegs leisten kann... Welchen Wert hätte die atomare Vergeltung beim Widerstand gegen einen kommunistischen Vormarsch, der nicht auf einer militärischen Invasion, sondern auf örtlichen Aufständen und Verschlechterung der politischen Situation beruht?*[236] Zusammen schufen Taylor und Kennedy die Strategie der «flexiblen Antwort». In Vietnam wurde sie unter Laborbedingungen getestet.

Dennoch hält sich hartnäckig die Legende, Kennedy hätte sich nicht so weit wie Johnson in den Krieg ziehen lassen – obwohl Johnson mit denselben Beratern (McGeorge Bundy, Robert McNamara, Dean Rusk, Maxwell Taylor) wie Kennedy arbeitete. Historische Spekulation ist natürlich so verlockend wie fruchtlos. Ohne das Trauma Vietnam hätten weder die Rebellion der amerikanischen Jugend noch die Revolution der Schwarzen, noch die europäische Studentenbewegung einen moralischen Kristallisationspunkt gehabt; hätte sich eine ganze Generation westlicher Jugend nicht entsetzt von der westlichen Führungsmacht abgewendet; wären Johnsons Reformprogramme nicht oder nicht so radikal gescheitert; wäre Amerika vielleicht Nixons Präsidentschaft und der Skandal von Watergate erspart geblieben...

Die Legende beruht hauptsächlich auf Bemerkungen, die Kennedy 1963 gegenüber Senator Mike Mansfield gemacht haben soll: *Wenn ich jetzt versuchen würde, uns vollständig aus Vietnam zurückzuziehen, würde es zu einer Neuauflage der Joe McCarthy-Kommunistenjagd kommen, aber nach der Wiederwahl kann ich's machen. Also sorgen wir verdammt noch mal dafür, daß ich wiedergewählt werde!*[237] Aber abgesehen von der Zynik, die darin läge, einen hoffnungslosen Krieg aus wahltaktischen Erwägungen ein Jahr lang weiterzuführen, darf nicht vergessen werden, daß die Episode erst publik gemacht wurde, nachdem der Krieg unpopulär geworden war und nachdem sich Mansfield sowie Robert und Edward Kennedy auf die Seite der Kriegsgegner geschlagen hatten; daß McNamara seit 1962 einen Abzug 1965 versprochen hatte (weil dann der Krieg «gewonnen» sein würde); daß Kennedy zur gleichen Zeit öffentlich erklärte: *Was dazu beiträgt, den Krieg zu gewinnen, unterstützen wir; was*

Amerikanische Soldaten in Vietnam

die Kriegsanstrengungen behindert, bekämpfen wir... Wir sind nicht dazu da, um zuzusehen, wie ein Krieg verloren wird...[238]; und daß er nach der Selbstverbrennung des buddhistischen Mönchs Thich Quang Duc im Juni 1963 Henry Cabot Lodge als Botschafter mit dem Auftrag nach Saigon geschickt hatte, das Haupthindernis für einen Erfolg der Kriegsanstrengungen zu beseitigen: Diem. Im Sommer und Herbst arbeitete Lodge mit vietnamesischen Militärs um Duong Van Minh die Einzelheiten des Putsches aus, und am 1. November griffen «Big Minh» und seine Truppen den Präsidentenpalast an. Entgegen den Abmachungen mit Lodge wurden Diem und Nhu nach ihrer Festnahme sofort ermordet. Als Kennedy in der Gegenwart Maxwell Taylors vom Tod Diems hörte, «sprang er auf und stürzte aus dem Zimmer. Auf seinem Gesicht war ein solcher Ausdruck von Schock und Entsetzen, wie ich ihn nie zuvor gesehen hatte.»[239] Drei Wochen später war auch John Kennedy tot.

6. Allianz für den Fortschritt und Friedenskorps

Was in Vietnam und Kuba scheiterte, war weder allein der Militarismus eines aggressiven Imperialismus noch die Blindheit eines in der Doktrin der «containment» gefangenen Kalten Krieges, noch auch nur die Arroganz, Torheit oder schlichte Naivität der Macht, wenn auch alle diese Faktoren eine Rolle spielten. Die Tragik Kennedys besteht darin, daß er nicht blind, arrogant oder naiv war; daß er ein komplexeres Verständnis für die Probleme der Dritten Welt besaß und komplexere Lösungen anstrebte als irgendein Präsident vor ihm; die Grenzen dieser Lösungen offenbart das Scheitern seines ehrgeizigen Plans einer «Allianz für den Fortschritt» in Lateinamerika; neue Perspektiven eröffnete der Triumph seines «Friedenskorps».

Bereits in seiner Antrittsrede hatte Kennedy *unseren Schwesterrepubliken südlich unserer Grenzen* versprochen, *unsere guten Worte in Taten zu verwandeln – in eine neue Allianz für den Fortschritt, freien Menschen und freien Regierungen dabei zu helfen, die Fesseln der Armut abzuwerfen.*[240] Diese Allianz sollte an Umfang den Marshall-Plan für das zerstörte Nachkriegseuropa übertreffen und *die Grundbedürfnisse der Völker Amerikas nach Wohnungen, Arbeit, Land, Gesundheit und Schulen* befriedigen.[241] *Laßt uns den amerikanischen Kontinent noch einmal in einen riesigen Schmelztiegel revolutionärer Ideen und Anstrengungen verwandeln...!*[242] Das Wort «revolutionär» war durchaus ernst gemeint: *Denn es gibt in einem demokratischen Gemeinwesen keinen Platz für Institutionen, die den wenigen nützen, während sie den vielen die Befriedigung ihrer Bedürfnisse verweigern, auch wenn die Abschaffung solcher Institutionen weitreichende und äußerst schwierige Veränderungen wie Landreform und Steuerreform sowie eine erheblich gesteigerte Betonung der Ausbildung, der Gesundheitsfürsorge und des Wohnungsbaus erfordern können.*[243] Zu den Zielen der Allianz gehörten neben einer Agrar- und Steuerreform sowie Wohnungsbau-, Gesundheits- und Hygieneprogrammen die Beseitigung des Analphabetismus, gerechte Löhne, stabile Preise, die ökonomische Integration Lateinamerikas, die Steigerung des Pro-Kopf-Einkommens um 2,5 Prozent jährlich sowie eine Stärkung der demokratischen Institutionen in diesen Ländern. Zwei Jahre nach dem Gründungskongreß der Allianz in Punta del Este waren jedoch kaum Reformen eingeleitet worden; die Wachstumsrate lag weit unter 2,5 Prozent; und das Militär hatte 1962 in Argentinien und Peru, 1963 in Guatemala, Ecuador, der Dominikanischen Republik und Honduras erfolgreich geputscht. *Die Probleme sind fast unüberwindlich...* seufzte Kennedy.[244] Zehn Jahre nach Punta del Este stand fest, daß die Wachstumsrate in den sechziger Jahren noch unter der der fünfziger Jahre geblieben war und daß es für die Masse der Bevölkerung weder im Wohnungsbau noch in der Gesundheitsfürsorge eine Verbesserung gegeben hatte. Auch der Kampf gegen den Analphabetismus war kaum vorangekommen.

Wie ist dieses Scheitern zu erklären? Es lag zum Teil daran, daß von der gewaltigen amerikanischen Wirtschaftshilfe in Höhe von 10,28 Milliarden Dollar (1961–69) nur 4,8 Milliarden nach Lateinamerika flossen. Über die Hälfte der Gelder blieb in den USA, um Schulden der lateinamerikanischen Länder zu bedienen. (Die Auslandsverschuldung dieser Länder wuchs dennoch weiter an.)

Noch mehr aber lag ihr Scheitern am Konzept der Allianz, die auf eine Revolution von oben setzte: *Die Führer Lateinamerikas, die Industriellen und Landbesitzer, sind bereit, dessen bin ich mir sicher, vergangene Fehler einzugestehen und neue Verantwortung zu übernehmen. Denn wenn wir nicht alle bereit sind, zur nationalen Entwicklung beizutragen, wenn wir nicht alle bereit sind, grundlegende Land- und Steuerreformen nicht nur zu akzeptieren, sondern auch zu initiieren, wenn wir nicht alle die Führung übernehmen bei der Verbesserung des Wohlergehens unserer Völker, dann wird uns diese Führung entrissen und das Erbe von Jahrhunderten westlicher Zivilisation in der Gewalt weniger Monate vernichtet.*[245] Bemerkenswert ist die Selbstverständlichkeit, mit der Kennedy den Führungsanspruch der *Industriellen und Landbesitzer* akzeptiert, sich mit ihnen identifiziert. Für den Sohn des Millionärs Joseph Kennedy, der sich auf die Seite Roosevelts schlug, um die zur Rettung des Kapitalismus nötigen Reformen *nicht nur zu akzeptieren, sondern auch zu initiieren*, war die schiere Unvernunft der Oberkaste Lateinamerikas unverständlich: *Diejenigen, die in den armen Nationen Reichtum und Macht besitzen, müssen ihre eigene Verantwortung erkennen. Sie müssen den Kampf für jene grundlegenden Reformen anführen, die allein den Zusammenhalt ihrer Gesellschaften ermöglichen können. Jene, die die friedliche Revolution unmöglich machen, machen die gewaltsame Revolution unvermeidbar.*[246]

In der Reflexion über das Schicksal seiner ehrgeizigen globalen Pläne – und diese Fähigkeit, ja der Hang zur Reflexion unterscheidet ihn vielleicht von pragmatischen «Wunderkindern» wie McNamara und dem instinktiven Machtmenschen Johnson – dämmert die Einsicht auf, *daß die Vereinigten Staaten weder allwissend noch allmächtig sind, daß wir nur 6 Prozent der Weltbevölkerung ausmachen, daß wir unseren Willen den übrigen 94 Prozent nicht aufzwingen können, daß wir nicht jedes Unrecht abstellen und jeden Rückschlag ungeschehen machen können und daß es also nicht für jedes Problem in der Welt eine amerikanische Lösung gibt*[247].

So fanden der Idealismus und der Tatendrang der Kennedy-Administration ihren reinsten Ausdruck (und einzigen bleibenden Erfolg) in einem Projekt, das keine umfassenden Lösungen versprach, keine Milliarden verschlang und nicht verlangte, daß die Welt am amerikanischen Wesen genese – das direkt an den Idealismus und den Tatendrang der amerikanischen Jugend appellierte: im Friedenskorps.

Und so, meine amerikanischen Mitbürger: Fragt nicht, was euer Land für euch tun wird – fragt, was ihr für euer Land tun könnt![248] Dieser meistzitierte Satz aus Kennedys Antrittsrede berührte einen Nerv in der amerikanischen Jugend, deren Frustration mit der selbstzufriedenen Konsumgesellschaft der fünfziger Jahre sich bis dahin hauptsächlich im kollektiven

Handschriftlicher Entwurf der berühmten Passage aus Kennedys Antrittsrede: «Fragt nicht, was euer Land für euch tun wird – fragt, was ihr für euer Land tun könnt!»

Exorzismus des Rock'n'Roll und der Elvis Presley-Hysterie ausgedrückt hatte. Manche meldeten sich zum freiwilligen Einsatz in Vietnam. Der Schwarze James Meredith beschloß, sich an der «weißen» Universität von Mississippi anzumelden – damals noch gefährlicher als der Einsatz in Vietnam. Und 400000 junge Amerikaner bewarben sich innerhalb weniger Monate beim «Friedenskorps», um fast ohne Bezahlung zwei Jahre lang in kleinen, abgelegenen Dörfern der Dritten Welt zu arbeiten – nicht als «Entwicklungshilfe»-Spezialisten, sondern als Grundschullehrer, Krankenschwestern oder einfache Arbeiter auf dem Bau oder den Feldern.

Das Friedenskorps wurde durch eine Anordnung des Präsidenten («executive order») am 1. März 1961 geschaffen; die Leitung übertrug Kennedy seinem Schwager Sargent Shriver. Bereits im August 1961 trafen die ersten 51 Freiwilligen in Ghana ein. Zwei Jahre später waren es schon 6500 in 29 Ländern, und bis heute hat das Friedenskorps über 100000 Amerikaner als «Botschafter des guten Willens» in Länder der Dritten Welt geschickt. Kennedys Krieg in Vietnam und Kennedys Friedenskorps sensibilisierten die Jugend Amerikas für die Fragen der Dritten Welt, gaben ihrem Idealismus und damit – unbeabsichtigt – ihrer Rebellion ein zentrales Thema.

7. Berlin

Am 13. August 1961 errichteten Einheiten der Volksarmee und der Betriebskampfgruppen der DDR eine Mauer entlang der bis dahin offenen Grenze zum sowjetischen Sektor Berlins. Mit der Abriegelung Ost-Berlins verschwand das letzte Überbleibsel des von Bismarck geschaffenen deutschen Einheitsstaates und damit auch für westdeutsche Politiker die letzte Illusion einer baldigen «Wiedervereinigung». (Nicht ganz 30 Jahre später hat die Öffnung der Mauer am 9. November 1989 kaum weniger schockartig die Frage der Vereinigung wieder auf die Tagesordnung gesetzt.)

Gerade SPD-Politiker in West-Berlin, und besonders der damalige Oberbürgermeister Willy Brandt, hatten sich an Berlin als Symbol der Hoffnung auf die deutsche Einheit geklammert (im Gegensatz zum zwiespältigen Verhältnis etwa eines Konrad Adenauer zum Deutschland östlich der Elbe). Für diese Politiker war der Schock des Mauerbaus am tiefsten; aus ihrer Desillusionierung erwuchs jene Politik des Arrangements mit dem Status quo im Osten, die Willy Brandt später als Bundeskanzler durchsetzte – die «neue Ostpolitik». Doch der Anstoß zu dieser Politik ging bereits 1961 von John F. Kennedy aus.

Diese Behauptung mag diejenigen verwundern, die Kennedys *Ich bin ein Berliner*-Rede vor dem Schöneberger Rathaus (26. Juni 1963) im Ohr haben: *Es gibt einige, die – in Europa und anderswo – sagen: Wir können mit den Kommunisten zusammenarbeiten. Laßt sie nach Berlin kommen!*[249] Es mag auch verwundern, daß Kennedy, der angetreten war, um *der Gezeiten Lauf zu ändern* und *die Grenzen der Freiheit zu erweitern*, diese scheinbare Niederlage zu schlucken bereit war. (In der Nacht des Mauerbaus erholte sich Präsident Kennedy in Hyannis Port und brach seinen Urlaub auch nicht wegen Berlin ab.)

Zu denen, die die «Untätigkeit und reine Defensive» der USA nach dem 13. August beklagten, gehörte Brandt, der drei Tage nach dem Mauerbau wütend an Kennedy schrieb: «Die illegale Souveränität der Ostberliner Regierung ist durch Hinnahme anerkannt worden.» Die Untätigkeit der USA sei geeignet, Zweifel an «der Reaktionsfähigkeit und Entschlossenheit der drei Mächte zu wecken». Durch das «Herausdrängen aus Gebieten der gemeinsamen Verantwortung (Berlin und Deutschland als Ganzes)» werde «das gesamte westliche Prestige berührt», man befinde sich in einem «Zustand vollendeter Erpressung». Wenn schon nicht (militärisch) gehandelt werde, sei es nötig, «wenigstens politische Initiative zu zeigen»: Die Westmächte sollten «einen Dreimächtestatus West-Berlins proklamieren»; es bedürfe ferner «eines klaren Wortes, daß die deutsche Frage für die Westmächte keineswegs erledigt ist»; die Berlin-Frage gehöre vor die Vereinten Nationen; und schließlich «wird uns das Risiko letzter Entschlossenheit nicht erspart bleiben. Es wäre zu begrüßen, wenn die amerikanische Garnison demonstrativ eine gewissen Verstärkung erfahren könnte.»[250]

Dieser Brief, den Adenauer als «arrogant» bezeichnete[251], mußte auch Kennedy als Anmaßung empfinden. Er offenbarte zudem, daß Brandt die amerikanische Grundposition in der Berlin-Frage nicht begriffen hatte.

Angesichts des ständigen Flüchtlingsstroms aus der DDR nach West-Berlin, der den Hauptverbündeten der Sowjetunion in Europa zunehmend destabilisierte, hatte sich Chruschtschow charakteristischerweise zunächst für die Flucht nach vorn entschieden: Er drohte, einen separaten Friedensvertrag mit der DDR abzuschließen, der dem Regime in Ost-Berlin die Kontrolle über alle Zugänge zum Westteil der Stadt übertragen und die Rechtsgrundlage für die Anwesenheit westlicher Truppen – den Vier-Mächte-Status Berlins – einseitig aufgehoben hätte. Als sich Kennedy am 3./4. Juni 1961 in Wien mit Chruschtschow getroffen hatte, war es über Berlin zu einem heftigen Wortwechsel und zu gegenseitigen Kriegsdrohungen gekommen. Kennedy ging es um die Abwehr eines befürchteten sowjetischen Vorstoßes in Europa, und dafür war er bereit, bis zum Äußersten zu gehen: *Unsere Position in Europa ist allein schon deshalb einen Nuklearkrieg wert, weil der Verlust Europas den Verlust ganz Asiens und Afrikas nach sich ziehen würde. Und dann sind wir hier in den Vereinigten Staaten selbst dran.*[252] Nach dem Treffen mit Chruschtschow

Der Bau der Berliner Mauer, August 1961

sprach Kennedy im Fernsehen zum amerikanischen Volk: *Wie ich höre, sagt man, West-Berlin sei militärisch nicht zu halten. Das galt auch für Bastogne* (wo die deutsche Ardennen-Offensive 1944 aufgehalten wurde), *ja auch für Stalingrad. Jeder gefährliche Posten kann gehalten werden, wenn Männer – tapfere Männer – ihn halten wollen ... Wir wollen nicht kämpfen – aber wir haben auch in der Vergangenheit gekämpft.*[253] In dieser Fernsehansprache kündigte der Präsident eine weitere Aufstockung des Verteidigungshaushalts an, insbesondere für die Zivilverteidigung, die Verdoppelung der Zahl der Einberufungen und die Verstärkung der Streitkräfte um 200000 Mann; er rief seine Landsleute auf, Atombunker zu bauen, was zu Panikkäufen von Baustoffen und zu makaberen öffentlichen Diskussionen darüber führte, ob ein Bunkereigentümer das Recht habe, im Notfall seinen Nachbarn mit dem Gewehr in der Hand am Betreten des Bunkers zu hindern. Angesichts dieser Kriegsvorbereitungen – 71 Prozent der Amerikaner waren der Ansicht, daß amerikanische Truppen eine erwartete Blockade Berlins durchbrechen müßten – mußte der Bau der Mauer – das Eingeständnis Chruschtschows, daß die Berlin-Frage nicht offensiv zu lösen war – in Washington Erleichterung auslösen.

Am 18. August schrieb Kennedy einen geheimen Brief an Brandt: *Allgemein möchte ich Sie ... dringend bitten, daß wir uns nicht von sowjetischen Aktionen erschüttern lassen dürfen, die in sich ein Schwächebekenntnis darstellen.*[254]

So ernst die Sache ist, so stehen uns jedoch, wie Sie schreiben, keine Schritte zur Verfügung, die eine wesentliche materielle Änderung in der augenblicklichen Situation erzwingen können. Da die brutale Abriegelung der Grenzen ein schallendes Bekenntnis des Scheiterns und der politischen Schwäche darstellt, handelt es sich offensichtlich um eine grundlegende sowjetische Entscheidung, die nur ein Krieg rückgängig machen könnte. Weder Sie noch irgendeiner unserer Verbündeten haben je angenommen, daß wir wegen dieses Streitpunkts einen Krieg beginnen sollten.

Dennoch ist die sowjetische Aktion zu ernst für unzulängliche Gegenschritte. Ich selbst lehne die meisten Maßnahmen, die vorgeschlagen worden sind – selbst die meisten Vorschläge in Ihrem Brief – deshalb ab, weil sie nur Kinderspiel sind verglichen mit dem, was geschehen ist.[255]

Kennedy griff allerdings Brandts Vorschlag einer Verstärkung der Garnison in Berlin auf. 1500 amerikanische Soldaten wurden über die Autobahn nach West-Berlin geschickt. Hätten sowjetische Truppen versucht, sie aufzuhalten, wäre es zum Krieg gekommen. *Gleichzeitig – und das ist von noch größerer grundsätzlicher Bedeutung – werden wir den breiten Aufbau der militärischen Stärke des Westens fortsetzen und beschleunigen.*[256]

West-Berlin aber sollte sich von Wiedervereinigungsträumen verabschieden: *So wichtig die Verbindungen zum Osten gewesen sind, so schmerzlich ihr Abbruch auch ist, so läuft das Leben der Stadt, so wie ich es verstehe, doch in erster Linie zum Westen hin – ihr Wirtschaftsleben, ihre*

102

Kennedy im Juni 1963 auf einem Beobachtungsstand am Checkpoint Charlie. Links Bundeskanzler Konrad Adenauer, dazwischen der Regierende Bürgermeister Willy Brandt

moralische Basis und ihre militärische Sicherheit. Sie werden vielleicht konkrete Möglichkeiten erwägen und vorschlagen wollen, wie diese Bindungen... erweitert werden können...[257] Bereits am 21. August benachrichtigte Kennedy die Regierungen Frankreichs und Großbritanniens, daß er noch vor dem 1. September die Sowjetunion zu Verhandlungen über Berlin einladen wolle. Und als er fast zwei Jahre später Berlin besuchte, wo er von frenetischen Massen umjubelt wurde, hielt Kennedy vor den – damals stramm antikommunistischen – Studenten der Freien Universität eine nachdenkliche Rede, die eine Perspektive West-Berlins über das bloße Akzeptieren der Situation hinaus andeutete: *Wenn wir für die Zukunft dieser Stadt arbeiten wollen, dann lassen Sie uns mit den Gegebenheiten fertig werden, so wie sie wirklich sind, und nicht so, wie wir uns wünschen, daß sie gewesen wären... Es ist wichtig für die Menschen, die in der Beengtheit östlich von uns leben, daß die Verbindung mit der westlichen Gesellschaft aufrechterhalten wird mit Hilfe aller erreichbaren Berührungspunkte und Kontaktmöglichkeiten und durch ein Höchstmaß an Handelsbeziehungen, soweit es unsere Sicherheit erlaubt. Wir können Entspannung suchen, ohne unsere Wachsamkeit zu lockern.*[258]

8. Von der Raketenkrise zum Atomteststopp

Diese versöhnlichen Worte sind charakteristisch für die Stimmung im Sommer des Jahres 1963, in dem Chruschtschow und Kennedy mit dem Atomteststoppvertrag den ersten konkreten Schritt zur Überwindung des Kalten Krieges taten. Diese Stimmung und dieser Schritt können durchaus auch als erschrockene Reaktion auf die dreizehn Tage im Oktober 1962 gedeutet werden, als beide Männer die Welt näher an den Abgrund des Atomkriegs führten, als sie es je zuvor oder danach gewesen ist.

Am 16. Oktober 1962 wurde Kennedy mit Fotos konfrontiert, die von einem U2-Spionageflugzeug über Kuba gemacht worden waren und eindeutig zeigten, daß die Sowjetunion auf der Insel Mittelstreckenraketen installierte.

«Wir hatten genügend Raketen aufgestellt, um New York, Chicago und die anderen großen Industriestädte zu zerstören, ganz zu schweigen von einem kleinen Dorf wie Washington», prahlte Chruschtschow später. «Ich glaube nicht, daß Amerika je zuvor einer solchen Zerstörungsdrohung gegenübergestanden hatte wie in diesem Augenblick...»[259] Bei ruhiger Betrachtung erscheint diese dramatische Darstellung übertrieben, wie auch Kennedy zugab: *Sie hatten vor, im November der Welt zu offenbaren, daß sie diese Raketen so nahe bei den Vereinigten Staaten hatten; nicht, daß sie vorgehabt hätten, sie abzufeuern, denn wenn sie einen Atomkrieg haben wollen, dann besitzen sie ja ihre eigenen Raketen in der Sowjetunion. Aber es hätte das politische Gleichgewicht verändert. Es hätte jedenfalls so ausgesehen, und der Schein trägt zur Wirklichkeit bei.*[260]

Wenn die Raketen auf Kuba also höchstens dem Schein nach das politische Gleichgewicht zugunsten der Sowjetunion verändert hätten – warum ging Chruschtschow dann das Risiko ein, Kennedy zu provozieren? Denn Chruschtschow konnte nicht ernsthaft annehmen, daß ein Demokrati-

104

Oktober 1962: Luftaufnahme von sowjetischen Raketen auf Kuba

scher Präsident unmittelbar vor einer Kongreßwahl untätig zusehen könnte, wie die Monroe-Doktrin außer Kraft gesetzt wird. (Präsident Monroe hatte 1823 erklärt, daß die Vereinigten Staaten keine europäische Einmischung in die Angelegenheiten Nord- und Südamerikas dulden werden: «Amerika den Amerikanern!»)

Vielleicht war es wirklich so, wie Chruschtschow behauptete, daß die Raketen eine «spürbare wirksame Abschreckungsmaßnahme gegen eine amerikanische Einmischung» in Kuba darstellen sollten.[261] Vielleicht war der Schritt eine panikartige Reaktion auf die zunehmend deutlicher werdende atomare Überlegenheit der USA. Kennedy hatte gerade Barbara Tuchmans «August 1914» gelesen. Gegenüber Robert bemerkte er, daß auch damals keine Seite den Krieg gewollt habe, daß aber Fehlkalkulatio-

Mit Nikita Chruschtschow in Wien, 1961

nen, Dummheit, Minderwertigkeitskomplexe oder Größenwahn, der Wunsch nach absoluter Sicherheit, der Stolz und die Angst vor Gesichtsverlust Nationen in den Untergang reißen könnten. *Die große Gefahr, das große Risiko hierbei ist eine Fehlkalkulation, ein Fehlurteil.*[262] Vielleicht war es so, *daß Herr Chruschtschow und ich innerhalb unserer jeweiligen Regierungen ungefähr die gleiche politische Position einnehmen. Er möchte gern einen Atomkrieg verhindern, steht aber unter äußerstem Druck seiner Hardliner, die jeden Schritt in diese Richtung als Beschwichtigung ansehen. Ich habe ähnliche Probleme...*[263]

Andererseits stellte die Situation genau die Art existentieller Krise dar, die Kennedy seit Jahren beschworen hatte; und daß ihm in Kuba, dem Ort seiner ersten, beschämendsten Niederlage, nun eine zweite Chance geboten wurde, mußte ihn herausfordern – und er empfand die Situation ganz als persönliche Herausforderung: *Wenn Chruschtschow meine Nase in den Staub reiben will, ist alles vorbei.*[264]

Anders als in der ersten Kuba-Krise verließ sich Kennedy nicht auf die Berater vom Militär und CIA, sondern bildete unter dem Vorsitz Robert

Kennedys einen Krisenstab, der dreizehn Tage lang fast ununterbrochen tagte und ihm «Optionen» zur Entscheidung vorlegte. Diese waren (außer der Ignorierung der Raketen oder Geheimverhandlungen mit Chruschtschow, zwei Optionen, die nicht ernsthaft erwogen wurden): ein Luftangriff auf die Raketenstellungen, eine Invasion Kubas oder eine Seeblockade – eventuell alle drei. Alle «Optionen» bargen die Gefahr einer massiven sowjetischen Vergeltung. Darum wurden in der ganzen Welt amerikanische Truppen und strategische Bomber in Alarmbereitschaft versetzt, die strategischen Raketen entsichert und startklar gemacht, U-Boote mit «Polaris»-Raketen in Richtung Sowjetunion in Marsch gesetzt. Besonders die Militärs favorisierten einen «chirurgischen» Luftangriff. Kennedy aber entschied sich für die Blockade («Quarantäne»): 180 Schiffe wurden in die Karibik geschickt, um sowjetische Schiffe zu durchsuchen und solche mit Raketen an Bord zurückzuschicken. (Gleichzeitig wurde die 1. Panzerdivision an die Ostküste beordert, um ihre Einschiffung nach Kuba vorzubereiten, sollte eine Invasion doch noch beschlossen werden.) Kennedy bevorzugte die Blockade, weil ein Luftangriff unvermeidlich hohe Verluste unter der kubanischen Zivilbevölkerung und den sowjetischen Technikern bedeutet hätte; außerdem gab sie – in Verbindung mit einem Ultimatum – Chruschtschow eine Bedenkzeit: *Wir wollen ihn nicht zu einer übereilten Handlung bewegen – geben wir ihm Zeit zum Überlegen. Ich will ihn nicht in eine Ecke drängen, aus der er nicht herauskommen kann.*[265]

Am 22. Oktober trat Kennedy vor das amerikanische Volk und verurteilte in einer Fernsehansprache die *absichtlich provokative und nicht zu rechtfertigende Veränderung des Status quo, die von diesem Land nicht hingenommen werden kann, wenn unsere Freunde oder unsere Feinde jemals wieder Vertrauen in unseren Mut und unsere Zuverlässigkeit haben sollen*[266]. Chruschtschow forderte er auf, die Aufstellung der Raketen zu stoppen und sie von Kuba abzuziehen.

Nun zeigte sich allerdings die entscheidende Schwäche der «Quarantäne»-Politik: Sie überließ die Entscheidung über Krieg und Frieden Nikita Chruschtschow. Während die sowjetischen Schiffe weiter in Richtung Kuba dampften, konnte der mächtigste Mann der Welt im Weißen Haus nichts weiter tun als warten. Am Mittwoch, dem 24. Oktober, näherten sich die ersten sowjetischen Schiffe dem amerikanischen Blockadering. Robert Kennedy beschreibt die Atmosphäre im Kabinettsraum: «[Der Präsident] öffnete und schloß die Faust. Sein Gesicht schien abgehärmt, die Augen voller Schmerz, fast grau. Wir starrten einander über den Tisch hinweg an. Für einige flüchtige Sekunden schien es, als sei sonst niemand da, als sei er nicht mehr der Präsident.»[267] Um 10 Uhr 32 kam die erlösende Nachricht: Sechs sowjetische Schiffe hatten abgedreht. Die Krise war zwar noch nicht beendet; sie wurde am 27. Oktober durch ein Ultimatum Kennedys an Chruschtschow verschärft, er solle binnen 24 Stunden seine Bereitschaft zum Abzug der Raketen erklären. Hätte Chruschtschow abgelehnt, wäre es innerhalb von 48 Stunden zu einem Luftangriff auf Kuba und einer anschließenden Invasion gekommen, bei der die Militärs allein mit 25000 amerikanischen Toten rechneten. Chruschtschow aber hatte mit dem Stoppen der Schiffe am 24. Oktober zu erkennen gegeben, daß er bereit war nachzugeben. Als einzige Gegenleistung forderte er eine Erklärung, derzufolge die USA auf eine Invasion Kubas verzichteten, sowie die inoffizielle Zusicherung, daß die USA einige veraltete Atomraketen aus der Türkei und Italien abziehen würden.

John F. Kennedys Triumph war vollkommen: *Zukünftige Historiker mögen beim Rückblick auf 1962 dieses Jahr als den Zeitpunkt bezeichnen, da die Gezeiten der internationalen Politik endlich in Richtung der Welt der Vielfalt und der Freiheit zu fließen begannen. Nach dem Start des Sputnik 1957 begann die Sowjetunion ihren Druck gegen die nichtkommunistische Welt zu verstärken – besonders in Südostasien, in Zentralafrika, in Lateinamerika und um Berlin. Die bemerkenswerten Erfolge der Sowjetunion im Weltraum wurden als Beweis dafür angesehen, daß der Kommunismus den Schlüssel zur wissenschaftlichen und technologischen Zukunft in der Hand hielte. Menschen in vielen Ländern begannen die Vorstellung zu akzeptieren, der Kommunismus sei das unabwendbare Schicksal der Menschheit.*

1962 hat diesen Prozeß gestoppt – und nichts hat entscheidender dazu beigetragen, die Luft aus der Vorstellung sowjetischer Unbesiegbarkeit abzulassen, als die amerikanische Antwort auf die sowjetischen Provokationen in Kuba. Die Verbindung von Festigkeit und Zurückhaltung angesichts der ernstesten Bedrohung des Weltfriedens seit 1939 trug viel dazu bei, dem Rest der Welt sowohl hinsichtlich unserer nationalen Willensstärke wie auch unserer nationalen Urteilsfähigkeit ein Gefühl der Sicherheit zu geben. Am Ende des Jahres bleiben zwar bedrohliche Probleme ... Doch wurde es zunehmend deutlich, daß die wuchtige Offensive der Jahre nach Sputnik gestoppt worden war.[268]

Im Gefühl, die lang erwartete Krise bewältigt, das selbstgesteckte Ziel erreicht, das selbstentworfene Rollenmodell eines modernen Churchill ausgefüllt, die Niederlage der Schweinebucht glänzend wettgemacht zu haben, konnte Kennedy endlich über eine Politik der Konfrontation – eine Politik, um deren Begrenztheit er doch gewußt hatte – hinauswachsen. Auch die Angst jener Tage des Wartens mag eine Rolle gespielt haben. Zu Anastas Mikojan, dem stellvertretenden Ministerpräsidenten der UdSSR, sagte er: *Sehen Sie, diese Welt ist furchtbar gefährlich. Ich habe nicht gedacht, daß Sie das tun würden, und Sie haben offensichtlich nicht gedacht, daß ich so reagieren würde. Es ist zu gefährlich, wenn wir so weitermachen.*[269]

Verhandlungen mit der Sowjetunion brachten die Einrichtung des ersten «heißen Drahts» zwischen Moskau und Washington (20. Juni 1963), das Abkommen über ein Verbot atomarer Tests in der Erdatmosphäre, unter Wasser und im Weltraum (25. Juli) und die ersten Verkäufe überschüssigen Weizens an die Sowjetunion (9. Oktober) – die ersten konkreten Schritte zur Beendigung des Kalten Krieges. Das bedeutete nicht, daß die amerikanische Hochrüstung beendet wurde: McNamara gab nach dem Abschluß des Atomteststoppvertrags bekannt, daß die USA mehr als 500 Interkontinentalraketen besitze, die Sowjetunion lediglich 75; bis 1966 plane die Administration aber, die Zahl der amerikanischen Langstreckenraketen auf 1700 zu erhöhen.

Kennedys Erbe ist durchweg widersprüchlich, und zu ihm gehören das Rüstungsprogramm von 17 Milliarden Dollar ebenso wie seine Rede an der American University vom 10. Juni 1963, in der ein neues Verständnis der Rolle Amerikas in der Welt sichtbar wird: *Unter Frieden verstehe ich nicht eine pax americana, die der Welt durch amerikanische Waffen aufgezwungen wird. Ich spreche vom Frieden als dem notwendigen vernünftigen Ziel vernünftiger Menschen. Einige sagen, es sei sinnlos, von Weltfrieden oder einem Weltgesetz oder von weltweiter Abrüstung zu reden – bevor nicht die Führer der Sowjetunion eine einsichtigere Haltung an den Tag legen. Ich hoffe, daß sie es tun werden, und ich glaube, daß wir ihnen dabei helfen können. Aber ich glaube auch, daß wir unsere eigene Haltung erneut überprüfen müssen... denn unsere Haltung ist so entscheidend wie die ihre. Wir wollen selbst unsere Einstellung zum Frieden untersuchen... Echter Frieden muß das Ergebnis vieler Nationen, die Summe vieler Handlungen sein. Er muß dynamisch, darf nicht statisch sein, denn Frieden ist ein Prozeß, eine Art, Probleme zu lösen... Denn in der letzten Analyse besteht unsere grundlegende Gemeinsamkeit darin, daß wir alle diesen kleinen Planeten bewohnen. Wir atmen alle die gleiche Luft. Wir alle schätzen die Zukunft unserer Kinder. Und wir sind alle sterblich.*[270]

9. Kennedys Reformen, Kings Revolution

Zu den vielen Ungereimtheiten in John Kennedys Leben gehört, daß der Mann, der für sich beanspruchte, die Modernität und Dynamik einer neuen Generation zu verkörpern, im Grunde ein Konservativer war. «Dieser junge Mann hat viel vom 18. Jahrhundert an sich», bemerkte der konservative englische Premierminister Harold Macmillan, mit dem Kennedy eine aufrichtige Freundschaft verband. Kennedys Lieblingsbuch war die Autobiographie John Buchans, eines zutiefst konservativen britischen Kolonialbeamten und Romanciers; bei Buchan fand Kennedy auch den Satz Lord Falklands, den er zu seinem eigenen Leitspruch machte: *Wenn es nicht nötig ist, etwas zu verändern, ist es nötig, nichts zu verändern.* (So benutzte Kennedy seine erste Pressekonferenz nach der Wahl, um zu erklären, daß er Allan Dulles als Chef des CIA und J. Edgar Hoover – im 37. Jahr! – als Direktor des FBI behalten wolle.)

Und doch forderte Kennedy nicht nur dazu auf, *Amerika wieder in Bewegung zu setzen* – Amerika kam in Bewegung. Das galt zunächst einmal für die Wirtschaft. Kennedy war der erste Präsident, der die Lehren des britischen Ökonomen John Maynard Keynes bewußt anwendete: Durch eine radikale Steuersenkung in Verbindung mit den sprunghaft gestiegenen Rüstungsausgaben erreichte das Wirtschaftswachstum jährlich 5,4 Prozent, gegenüber 2,3 Prozent in den letzten Eisenhower-Jahren. (Nur wenige zweifelten damals die konventionelle Weisheit an, derzufolge Wachstum an sich gut sei.) Die Arbeitslosigkeit sank von 6,7 Prozent 1960/61 auf 5,6 Prozent 1962 und 4,1 Prozent 1965; die Löhne stiegen unter Kennedy im Schnitt um 7 Prozent, Unternehmerprofite sogar um 44 Prozent. Kennedys Maßnahmen leiteten die längste Periode wirtschaftlichen Wachstums der neueren amerikanischen Geschichte ein, die erst durch die «Stagflation» beendet wurde, die Johnsons Kanonen-und-Butter-Politik hervorrief.

Die Aufbruchstimmung der Kennedy-Jahre hatte aber wenig mit der Konjunktur zu tun, und noch weniger mit Regierungsausgaben für Reformprogramme: *Tatsache ist, daß wir außer bei den Verteidigungsausgaben eine kleinere Zuwachsrate hatten als Eisenhower in seinen letzten drei Jahren.* [271]

Sie hatte auch wenig mit der Gesetzgebung der neuen Administration zu tun – bis 1962 konnte Kennedy gerade 44,3 Prozent seiner Vorhaben durch den Kongreß bringen, und nach den Wahlen 1962, die dank Kennedys Popularität nach der Raketenkrise den Demokraten unerwartete Gewinne brachten, waren es sogar nur 27 Prozent. *Der Machtkampf des Präsidenten mit dem Kongreß steht seinem Kampf draußen mit den kommunistischen Führern in nichts nach...* [272]

Doch die Zeiten änderten sich. «The Times They Are A'Changing» sang Bob Dylan 1963, und das Lied fängt die Stimmung dieser Jahre genau ein. Die Hochschuljugend wurde rebellisch – der SDS (Students for a Democratic Society) wurde gegründet, wobei, wie Gründungsmitglied Robert Greenblatt sagt, «der größte einzelne Faktor, der zur Formierung des SDS beitrug, John F. Kennedy [war]». Mehr junge Menschen schrieben an Kennedy als an irgendeinen anderen Präsidenten der USA. Seine Erscheinung, sein Image inspirierte die Jugend – mochte auch die praktische Politik oft genug mit dem Image kollidieren. John F. Kennedy war der erste der charismatischen politischen Jugendhelden der sechziger Jahre: Robert Kennedy, Che Guevara, Rudi Dutschke, Mao Tse-tung.

Fast überflüssig zu sagen, daß sich John Kennedy in dieser Reihe unwohl gefühlt hätte. Er appellierte, so glaubte er, an die Rationalität des Menschen, nicht an unkontrollierbare Emotionen. Das von ihm initiierte Projekt, innerhalb eines Jahrzehnts einen Menschen auf den Mond und wieder zurück zu bringen – das erforderte jene Eigenschaften, die Kennedy am meisten bewunderte: Pragmatismus, Wissenschaftlichkeit, weit-

John F. Kennedy

sichtige Planung, Geduld, Kühle und vor allem individuellen Heldenmut. Doch die sechziger Jahre in Amerika wurden nicht eine Ära der kühlen Rationalität – sie waren das Jahrzehnt der Beatles-Hysterie, der Antikriegsbewegung und der Jugendrevolte, sie waren vor allem das Jahrzehnt der schwarzen Revolution, die das Gesicht Amerikas veränderte. Als Neil Armstrong 1969 den Fuß auf den Mond setzte, erfüllte er ein

Vermächtnis Kennedys – doch die technologische Glanzleistung erschien wie ein deplaciertes Postscriptum zu einer Zeit, die nicht die Ära Kennedys geworden war, sondern das Jahrzehnt Martin Luther Kings.

Seit dem Ende des 19. Jahrhunderts waren die Schwarzen im Süden, die durch Bürgerkrieg und «Rekonstruktion» zu freien Bürgern der USA geworden waren, systematisch aus dem öffentlichen Leben verdrängt worden. Wahlsteuern, manipulierte «Bildungstests» und schierer Terror sorgten dafür, daß sie ihr Wahlrecht nicht ausüben konnten (1960 wählten gerade 5 Prozent der schwarzen Bevölkerung Mississippis). Das System der «Rassentrennung» sorgte für getrennte Schulen, getrennte Wohngebiete, getrennte Sitzplätze in Restaurants und öffentlichen Verkehrsmitteln, getrennte Toiletten für Schwarz und Weiß, wobei die schwarzen Schulen schlechter ausgestattet, die schwarzen Wohngebiete heruntergekommener, die Toiletten für Schwarze primitiver waren; der Platz der Schwarzen war – in Bussen wie in der Gesellschaft – hinten. Nach Einbruch der Dunkelheit wurde zwar die Rassentrennung aufgehoben, wenn weiße Männer schwarze Bordelle aufsuchten; als aber im Jahre 1955 ein zwölfjähriger schwarzer Junge aus Chicago, Emmett Till, in Mississippi einer weißen Frau hinterherpfiff, wurde er brutal gelyncht. Die Mörder wurden von einer weißen Jury freigesprochen und verkauften ihre Geschichte an eine Zeitschrift.

In einer Entscheidung aus dem Jahre 1896 hatte das Oberste Gericht der USA entschieden, die Rassentrennung an Schulen verstoße nicht gegen das Gleichheitsgebot der Verfassung, wenn die Angebote für Schwarze «gleichwertig» seien – was sie natürlich nie waren. Dieses Urteil wurde 1954 vom Obersten Gericht unter dem Vorsitz des von Eisenhower ernannten Earl Warren rückgängig gemacht: Die Rassentrennung an den Schulen (und damit unausgesprochen das System der «Segregation» insgesamt) sei verfassungswidrig und «in der gebotenen Eile» aufzuheben. Die Entscheidung hatte zunächst wenig praktische Wirkung, da die Behörden in den Südstaaten ihre eigenen Vorstellungen von der «gebotenen Eile» hatten. 1957 mußte Eisenhower Truppen nach Little Rock schicken, um schwarzen Schülern den Zutritt zu einer «weißen» Schule zu ermöglichen. Doch das Urteil von 1954 signalisierte den Schwarzen eine Legitimationskrise des Systems der Rassendiskriminierung und gab ihnen Mut. Im Dezember 1955 weigerte sich eine schwarze Frau, Rosa Parks, in Montgomery, Alabama, den «weißen» Teil eines Busses zu verlassen. Ihre Festnahme führte zu einem fast einjährigen Busboykott der Schwarzen unter Führung des Baptistenpredigers Martin Luther King, der die Busgesellschaft in die Knie zwang. In der Folgezeit organisierte King, der die Lehren Mohandas «Mahatma» Gandhis über den zivilen Ungehorsam studiert hatte, friedliche Demonstrationen und «Sit-ins», die Restaurants und andere öffentliche Einrichtungen im gesamten Süden der USA in direkter Aktion «desegregierten».

Martin Luther King

Wie Kennedy war King eine charismatische Gestalt; wie Kennedy beschrieb King die Situation der USA in apokalyptischen Wendungen – und wie Kennedy suchte King die Krisensituation, um Fronten und Fragestellungen zu klären: «Gewaltlose direkte Aktionen... sollen eine Krise schaffen, eine solche produktive Spannung herstellen, daß eine Gemeinschaft, die sich beharrlich geweigert hat zu verhandeln, gezwungen wird, sich mit der Frage auseinanderzusetzen. Sie sollen die Fragestellung derart dramatisieren, daß sie nicht mehr ignoriert werden kann.»[273] Kennedy aber suchte die Dramatisierung in der Außenpolitik – gerade im Interesse der ideologischen Konkurrenzfähigkeit Amerikas, seiner Glaubwürdigkeit in der Dritten Welt sollten Schwarz und Weiß zu einer «vernünftigen» Klärung ihrer Probleme bereit sein: *Es ist besser, diese Sachen vor Gericht zu regeln, als auf der Straße.*[274] «[Die Kennedys] begreifen nicht, daß eine soziale Revolution in der Welt vor sich geht, darum verstehen sie nicht, was wir hier tun», sagte King.[275] «Ich frage mich, ob [die Anhänger Kings] wirklich die Interessen ihres Landes im Sinn haben», sinnierte Robert Kennedy. «Wußten Sie, daß einer von ihnen sogar gegen die Atombombe ist?»[276] Hoover konnte Robert Kennedy davon überzeugen,

113

daß King und seine Organisation von einem Mitglied des Exekutivkomitees der kommunistischen Partei, Stanley Levison, «gesteuert» wurden – daraufhin wurden Kings Telefonate mit Billigung des Justizministers vom FBI abgehört.

John F. Kennedy war fast völlig frei von Rassenvorurteilen. Aber – wie der Präsidentschaftskandidat im Mai 1960 gestand: *Ich habe noch wenig Gelegenheit gehabt, die Neger kennenzulernen.*[277] Wie die meisten weißen Amerikaner Anfang der sechziger Jahre konnte Kennedy bei aller Sympathie für die Sache der Bürgerrechte ihre Dringlichkeit nicht begreifen und sich darum nicht vorstellen, daß die Bewegung Kings so stark werden könnte, daß sie seine Regierung zwingen würde, sich dieser Frage unzweideutig zu stellen. Die Machtverhältnisse schienen 1961 klar: Die Mehrheit der Demokraten im Kongreß war kleiner als 1960, und von diesen Demokraten waren 40 Prozent Vertreter der Südstaaten. Sie mußte Kennedy für seine Reformpläne – vor allem seine Steuerreform – gewinnen und auf keinen Fall durch unvorsichtige Bemerkungen oder Gesetzesinitiativen zur Frage der Bürgerrechte und der Rassentrennung verärgern: *Es hat keinen Sinn, einen großen Lärm zu machen und dann keinen Erfolg zu haben. Es macht keinen Sinn, das Amt des Präsidenten in die Waagschale zu werfen und dann geschlagen zu werden.*[278]

Dort allerdings, wo der Präsident ohne den Kongreß handeln konnte, handelte er schnell. Am Tag nach der Amtseinführung rief Kennedy beim Kommandeur der Küstenwache an und erkundigte sich, ob es keine Schwarzen in der Truppe gebe: *Also gestern in der Parade habe ich keine gesehen.*[279] Bei seiner ersten Kabinettssitzung forderte Kennedy jedes Kabinettsmitglied auf, die Situation in seinem Bereich zu untersuchen. Die Untersuchung ergab, daß von 3674 Beamten des Außenministeriums gerade fünfzehn schwarz waren; von mehr als 950 Anwälten des Justizministeriums gerade zehn (dafür waren alle Dienstboten schwarz). Durch eine Order des Präsidenten vom 6. März 1961 schuf Kennedy ein Komitee für Chancengleichheit am Arbeitsplatz unter dem Vorsitz Lyndon B. Johnsons und wies am 1. April alle Regierungsbehörden an, dem Komitee Pläne für die Beendigung diskriminierender Beschäftigungspraktiken vorzulegen. In Washington zirkulierte der Witz, die Abteilungsleiter seien den ganzen Tag unterwegs auf der Suche nach Schwarzen, um sich den Präsidenten vom Hals zu schaffen. Das Justizministerium zum Beispiel stellte weitere 40 schwarze Anwälte ein. Das Komitee hatte darüber hinaus die Aufgabe, dafür zu sorgen, daß Regierungsaufträge nur an solche Firmen vergeben wurden, die keine Diskriminierung am Arbeitsplatz zuließen. Der rührige Vizepräsident ließ in drei Jahren über 1700 Beschwerden untersuchen und befand, daß 70 Prozent von ihnen berechtigt waren – in mehreren hundert weiteren Fällen konnte Johnson entsprechend der Politik Kennedys, möglichst offene Konflikte zu vermeiden, durch Gespräche mit Firmenleitungen eine Änderung ihrer Beschäftigungspolitik erreichen.

Das zweite Feld, auf dem die Regierung ohne Kongreß handeln konnte, war die Durchsetzung des Wahlrechts. Das Bürgerrechtsgesetz von 1957 gab dem Justizministerium das Recht, selbst als Kläger aufzutreten, wenn einem Bürger der USA das Wahlrecht von örtlichen Behörden unrechtmäßig verweigert wurde. In den letzten drei Eisenhower-Jahren wurden ganze acht solcher Verfahren eingeleitet – Robert Kennedys Justizministerium klagte bis Ende 1963 in 50 Fällen. Außerdem führte ein von der Regierung unterstütztes «Wählererziehungsprojekt» zur Neuregistrierung von 688 800 schwarzen Wählern zwischen 1962 und 1964.

Doch diese Aktivitäten, so gutgemeint und wichtig sie auch waren, kamen bereits zu spät. Seit Mai 1961 fuhren weiße und schwarze Studenten gemeinsam auf Überlandbussen durch Alabama und Mississippi und hoben in direkter Aktion die Rassentrennung in den Restaurants, Warteräumen und Toiletten der Busbahnhöfe auf. Häufig wurden sie vom weißen Mob und dem Ku Klux Klan empfangen und zusammengeschlagen, während die örtliche Polizei wegsah. Kennedys erste Reaktion auf die «Freiheitsfahrer» war charakteristisch – er rief seinen Sonderbeauftragten für Bürgerrechtsfragen, Harris Wofford (einen Weißen), zu sich: *Haltet sie auf! Hol deine Freunde runter von den Bussen!*[280] Die Freiheitsfahrer ließen sich aber nicht aufhalten. Und obwohl 63 Prozent aller Amerikaner ihre Aktionen mißbilligten, erklärte Kennedy in einer Pressekonferenz, daß *die Freiheitsfahrer ohne Frage legal im Recht sind... Und diese Rechte gelten, ob wir mit denen, die da fahren, ob wir mit ihren Zielen einverstanden sind oder nicht...*[281] Innerhalb eines Jahres war die Rassentrennung im Fernverkehr aufgehoben.

In gewisser Weise war die Revolution der Schwarzen unter Kennedy und Johnson auch eine Revolution der steigenden Erwartungen. Beeindruckt durch Kennedys Antrittsrede beantragte der ehemalige Luftwaffensoldat James Meredith noch am selben Tag die Aufnahme in die «weiße» Universität von Mississippi in Oxford. Er wurde abgelehnt. (Der erste Schwarze, der die Immatrikulation beantragt hatte, war 1958 in ein Irrenhaus, der zweite, 1959, wegen des angeblichen Diebstahls eines Sacks Hühnerfutter ins Gefängnis gesteckt worden.) Meredith klagte sein Recht ein. Am 13. September verlangte das Oberste Gericht, der Staat Mississippi solle die Verfassung der USA und die Urteile der Gerichte respektieren, doch Gouverneur Ross Barnett kündigte Widerstand an. Kennedy stellte die Nationalgarde Mississippis unter Bundesbefehl und schickte Bundespolizisten nach Oxford, um Meredith ins Immatrikulationsbüro zu begleiten. (Meredith, der einen Sinn für historische Gesten hatte, mußte überredet werden, nicht in seinem neuen goldfarbenen Ford Thunderbird vorzufahren.) Der Mob tobte, angeführt vom Ex-General Edwin A. Walker, den Kennedy wegen des Verteilens rechtsradikaler

Hetzschriften an die Truppe entlassen hatte und auf den wenig später Lee Harvey Oswald ein erfolgloses Attentat verüben sollte. Zwei Menschen wurden bei den Krawallen getötet. Der Präsident, Oberkommandierender der Streitkräfte der Vereinigten Staaten, mußte geradezu darum bitten, daß die in Memphis bereitgestellten Armee-Einheiten endlich eingriffen: *In Oxford sterben Menschen. Das ist das Schlimmste, das ich in meinen 45 Jahren gesehen habe. Ich möchte, daß die Militärpolizei in das Gebiet hineingeht. Ich bitte General Billingslea dafür zu sorgen, daß dies getan wird.*[282] Die Ordnung wurde wiederhergestellt. Meredith machte sein Abschlußexamen im August 1963.

Der Sommer 1963 markierte den Höhepunkt der Kampagne gegen die Rassendiskriminierung im Süden. Im April und Mai führte King Tausende von Demonstranten an, die das Geschäftszentrum von Birmingham, Alabama, in direkter Aktion «desegregierten». Sie wurden brutal zusammengeschlagen und ins Gefängnis geworfen, und doch wurden die Demonstrationen von Tag zu Tag größer. Schockiert sahen die Amerikaner auf ihren Fernsehschirmen, wie Birminghams Polizeichef Eugene «Bull» Connor Knüppel, Polizeihunde und elektrisch geladene Viehstöcke gegen Frauen und Kinder einsetzte.

Im Sommer 1961 hatte sich Kennedy noch gegen die Vorwürfe eines weißen Sympathisanten der «Freiheitsfahrer», er setze sich zu wenig für sie ein, heftig gewehrt: *Was zum Teufel soll ich noch machen? Weiß er denn nicht, daß ich mehr für die Bürgerrechte getan habe als irgendein Präsident in der Geschichte Amerikas?*[283]

Jetzt erkannte er, daß er mehr tun mußte. Die Regierung bereitete ein umfassendes Bürgerrechtsgesetz vor, das ungerechte Bildungstests für ebenso illegal erklärte wie die Rassentrennung in öffentlichen Einrichtungen wie Restaurants, Hotels, Kinos und Sportstadien. Die Regierung sollte die Möglichkeit bekommen, gezielt solche Schulbezirke finanziell zu fördern, die die Rassentrennung abschafften, und umgekehrt Mittel für Einrichtungen und Programme zu streichen, in denen Menschen diskriminiert wurden. Der Justizminister sollte die Vollmacht erhalten, unmittelbar einzugreifen, wenn die Bestimmung des Gesetzes verletzt würden. (Das Gesetz wurde lange im Kongreß aufgehalten, wo Südstaatler wie der damalige Demokrat Strom Thurmond erfolgreich dazu aufriefen, als Gegenmaßnahme Kennedys sämtliche Gesetzgebungsvorhaben zu boykottieren. Erst in der emotions- und schuldbeladenen Atmosphäre der Zeit nach dem Attentat von Dallas konnte das Bürgerrechtsgesetz – im Juni 1964 – verabschiedet werden.)

Vielleicht wichtiger noch als das Gesetz (und der von Kennedy unterstützte 24. Verfassungszusatz, der eine Wahlsteuer verbietet) war Kennedys Entschluß, sich in einer großen Fernsehansprache an die Nation zu wenden und endlich doch *das Amt des Präsidenten in die Waagschale zu werfen* zugunsten der Bürgerrechtsbewegung: Am 11. Juni 1963 erklärte

116

Weiße Rassisten in Birmingham, Alabama

er unverblümt der weißen Mehrheit, daß sie *als Land und als Volk in einer moralischen Krise steckten: Die moralische Frage sei so alt wie die Heilige Schrift und so klar wie die amerikanische Verfassung... ob alle Amerikaner gleiche Rechte und gleiche Chancen erhalten sollen, ob wir bereit sind, unsere amerikanischen Mitbürger so zu behandeln, wie wir behandelt werden wollen. Wenn ein Amerikaner, weil er eine dunkle Haut besitzt, nicht in einem öffentlichen Restaurant essen kann, wenn er seine Kinder nicht in die beste öffentliche Schule schicken kann, wenn er die Beamten, die ihn vertreten sollen, nicht wählen kann, kurz: wenn er das erfüllte und freie Leben nicht genießen kann, das wir alle wollen – wer unter uns wäre bereit, die Hautfarbe zu wechseln und mit ihm zu tauschen? Wer von uns wäre dann bereit, den Aufschub zu akzeptieren und sich zu Geduld raten zu lassen?...*

Wir können nicht 10 Prozent der Bevölkerung gegenüber erklären, Ihr könnt dieses Recht nicht haben, Eure Kinder dürfen nicht die Chance erhalten, ihre Fähigkeiten zu entwickeln; daß sie ihre Rechte nur bekommen werden, wenn sie auf die Straße gehen und demonstrieren. Wir schulden ihnen, wir schulden uns ein besseres Amerika... In der ganzen Welt predigen wir Freiheit, und wir meinen es ernst, und wir schätzen unsere Freiheit hier zu Hause, aber sollen wir der Welt gegenüber, und viel wichtiger, uns selbst gegenüber sagen, daß dieses ein Land freier Menschen ist, außer für Neger; daß wir keine Bürger zweiter Klasse haben außer Neger; daß wir

Der Marsch auf Washington, 28. August 1963

*kein Klassen- und Kastensystem haben, keine Gettos und keine Herren-
rasse – außer in bezug auf die Neger?*

*Einhundert Jahre des Aufschiebens sind vergangen, seit Lincoln die
Sklaven befreite, und doch sind ihre Erben, ihre Enkelkinder noch nicht
ganz frei. Sie sind von den Ketten der Ungerechtigkeit nicht befreit worden,
nicht befreit worden von sozialer und wirtschaftlicher Unterdrückung. Und
diese Nation, all ihren Hoffnungen und all ihrem Stolz zum Trotz, wird erst
frei sein, wenn alle ihre Bürger frei sind.*[284]

Am 28. August 1963 führte King 250000 Demonstranten nach Washington. Vor Lincolns Grabmal hielt er seine berühmte Rede: «Ich habe einen
Traum...» Anschließend wurden die Führer des Marschs im Weißen Haus
empfangen. «Kennedy antwortete auf die Revolution der Neger, indem er
versuchte, ihre Führung zu übernehmen», schreibt Arthur M. Schlesinger,
Jr.[285]

Die Reaktion blieb nicht aus. In der Nacht von Kennedys Fernsehansprache wurde James Merediths Freund und Berater Medgar Evers in
Jackson, Mississippi, erschossen. Wenig später wurden vier kleine
schwarze Mädchen in Birmingham bei einem Bombenanschlag auf ihre
Kirche getötet. Und Kennedy hatte laut Meinungsumfragen im Herbst
1963 bereits 4,5 Millionen weiße Stimmen wegen seiner Haltung in der
Bürgerrechtsfrage verloren. Im Juni glaubten 36 Prozent aller Befragten,
der Präsident forciere die Bürgerrechtsfrage «zu schnell»; im Juli waren
es bereits 41 Prozent. Die Popularität Kennedys, die im Oktober 1962
noch 84 Prozent betragen hatte, sank im August 1963 auf 61 Prozent,
im September auf 53 Prozent und hatte vor dem Besuch in Dallas einen
Tiefpunkt von 47 Prozent erreicht. Im Süden führte der wahrscheinliche
Präsidentschaftskandidat der Republikaner, Barry Goldwater, mit
54 Prozent vor Kennedy mit nur 38 Prozent. Schon allein deshalb mußte
Kennedy im November 1963 nach Texas fahren.

10. Camelot

Zu den vielen Widersprüchen, die Person, Karriere, Präsidentschaft und
Tod John F. Kennedys charakterisieren, gehört, daß der Mittelpunkt jener Politik, die sich – expansiv, ganz und gar amerikanisch, zukunftsge-
wandt – *Neue Pioniergrenze* nannte, sehr bald den Namen eines Orts aus
der keltischen Mythologie annahm, jener sagenhaften Burg, in der König
Artus und seine Ritter der Tafelrunde dem Ansturm der Barbaren trot-
zend in einer Art Götterdämmerungsstimmung das Ideal einer christ-
lichen, ritterlichen, höfischen Kultur zelebrierten: Camelot.

Die Rhetorik der «Neuen Pioniergrenze» begeisterte viele Amerikaner; die glänzende Erscheinung «Camelot» verzauberte sie. Hierin kam
einmal die heimliche Sehnsucht vieler Amerikaner nach einer Monarchie

zum Ausdruck – erfolgreiche Rock'n'Roll-Sänger und Boxer, Hamburger, überlange Zigaretten und große Betten werden «King» bzw. «kingsize» genannt; aus John Kennedy wurde «König John I», der Begründer der ersten amerikanischen Dynastie; auf ihn würde König Robert (1968–76) folgen, dann König Edward, und nach Ablauf seiner zwei Amtsperioden schriebe man das Orwell-Jahr 1984, das Jahr des Großen Bruders...

Zweifellos – die Kennedys umgab eine Ära der Noblesse, und das war besonders Jacqueline zu verdanken, die beim Einzug ins Weiße Haus gerade 31 Jahre alt war. Sie ließ die geschmacklosen Möbel, die Truman und Eisenhower angeschafft hatten, im Keller verschwinden und das gesamte Gebäude im Stil des 18. Jahrhunderts wiederherstellen; rief das «White House Fine Arts Committee» ins Leben, um sie bei der Anschaffung von Kunstwerken, Möbeln usw. zu beraten; ließ das Weiße Haus zu einem Baudenkmal erklären und verfaßte selbst einen Führer durch den Amtssitz des Präsidenten; stellte einen französischen Koch an und sorgte dafür, daß die Cuisine bei den zahlreichen Empfängen und Diners höchsten Ansprüchen genügte. (Da das Budget des Weißen Hauses hierauf nicht eingestellt war, mußte Kennedy einen Teil dieser Ausgaben aus seinem eige-

Staatsbesuch bei Königin Elizabeth II., Juni 1961

nen Vermögen finanzieren. Geld war überhaupt ein wunder Punkt in der Beziehung zwischen den Eheleuten: Aufgebracht zeigte Kennedy einem zufällig anwesenden Kongreßabgeordneten eines Tages Rechnungen für Kleidung über 40000 Dollar: *Was würden Sie machen, wenn Ihre Frau so etwas täte?*[286])

Vor allem aber war es die Tatsache, daß sich die Kennedys mit den «hellsten und klügsten» Köpfen Amerikas (so der Titel eines Buchs von David Halberstam[287]) umgaben, mit einer modernen Tafelrunde aus Wissenschaftlern, Künstlern, Intellektuellen und Entertainern, die «Camelot» ihren Glanz verlieh. Es waren nicht nur die hellen Köpfe der Administration – Robert Kennedy, Robert McNamara, Walt Rostow, Arthur M. Schlesinger, Jr., Theodore Sorensen, Adlai Stevenson und viele andere; es waren Ereignisse wie der Empfang für alle amerikanischen Nobelpreisträger (*die außergewöhnlichste Versammlung menschlichen Wissens, die je im Weißen Haus versammelt war – außer vielleicht, als Thomas Jefferson hier allein speiste*[288]), die Konzerte, die Leonard Bernstein, Igor Strawinsky oder der Cellist Pablo Casals im Weißen Haus gaben (auf Betreiben Jacquelines: Kennedy bevorzugte Sinatra, den «Twist»-Sänger Chubby Checker und die Musicals von Alan Jay Lerner und Frederick Loewe «My Fair Lady», «Camelot»), die Tatsache, daß Jacqueline mit dem französischen Kultusminister André Malraux auf französisch, mit dem Staatspräsidenten Mexikos spanisch parlieren konnte, die das Weiße Haus plötzlich auch als geistiges Zentrum der Nation erscheinen ließen. «Eine Zeitlang dachten wir, das Land gehöre uns», sagte Norman Mailer nach den Schüssen von Dallas. «Jetzt gehört es wieder ihnen.»[289]

Und schließlich war es der selbstironische und zugleich selbstbewußte Witz, mit dem Kennedy sein Amt führte, ein Witz, der erkennen ließ, daß er nicht der Gefangene seiner eigenen Rhetorik und seines Amtes war, der ihm eine Souveränität verlieh, die allzuoft den Präsidenten der gewaltigsten Macht der Weltgeschichte abgeht: *Ob ich nun eine oder zwei Amtsperioden als Präsident diene, am Ende dieser Periode werde ich mich in einem Alter befinden, das man als schwierig bezeichnen kann – zu alt, um eine neue Karriere zu beginnen, und zu jung, um meine Memoiren zu schreiben.*[290] *Caroline, hast du schon wieder Süßigkeiten genascht?* (Keine Antwort.) *Caroline, hast du Süßigkeiten genascht? Antworte mit ja, nein oder vielleicht!*[291]

Die Presse – besonders die Illustrierten – liebte die Kennedys: Sie waren jung, sie waren schön, sie waren fotogen. Amerikanische Eltern, die ihre Kinder nach den liberalen Grundsätzen des Dr. Benjamin Spock erzogen, freuten sich, wenn sie sahen, wie Carolines Pferd eine Kabinettssitzung unterbrach oder John-John (geboren 1961) im Schreibtisch seines Vaters Versteck spielte, während der Präsident Gesetze unterschrieb. Im Traumschloß Camelot wohnte eine Traumfamilie.

Merkwürdig, wie passend der Name Camelot denn doch ist: Auch je-

121

Die Kennedys mit ihren Kindern John und Caroline

ner mythische Ort hatte einen doppelten Boden. Nicht nur, daß Artus wie Kennedy seinen Kampf als *einen langen Kampf im Zwielicht der Dämmerung* hätte beschreiben können; hinter der Fassade der idealen höfischen Gesellschaft bei den Camelots verbargen sich Neid und Mißgunst, Intrige und sexueller Betrug.

John F. Kennedys Frauenaffären sind inzwischen so legendär wie sein Krisenmanagement in der Raketenaffäre. Was einen Gary Hart 1987 die Präsidentschaft kostete, läßt Kennedy nur noch größer erscheinen: Er war eben ein ganzer Mann, und Filmstars und -sternchen (wie etwa das

Busenwunder Jayne Mansfield) sind schnell mit Enthüllungen über ihre intimen Beziehungen zum populärsten Präsidenten aller Zeiten[292] zur Hand. So soll Kennedy unter anderem mit Angie Dickinson, Rhonda Fleming, Janet Leigh und Kim Novak Affären gehabt haben, ganz zu schweigen von Marilyn Monroe, die bei der Feier zu seinem 45. Geburtstag in New Yorks Madison Square Garden vor ihm (und einigen tausend Gästen) in einem durchsichtigen Kleid auftrat und «Happy Birthday Mr. President» ins Mikrofon hauchte. *Jetzt kann ich mich aus der Politik zurückziehen*, witzelte der Präsident, *da ein so süßes und unverdorbenes Mädchen wie Marilyn Monroe «Happy Birthday» für mich gesungen hat.*[293] Zu Recht ist bemerkt worden, daß der Präsident neben all diesen angeblichen Affären kaum noch Zeit und Kraft für die Amtsgeschäfte gehabt hätte.

Die Wahrheit über Kennedys außereheliche Liaisons ist weniger glanzvoll – nicht um Filmstars geht es, sondern um Call-Girls wie etwa Susy Chang, die 1961 mit Christine Keeler und Mandy Rice-Davies in New York arbeitete – ein Abenteuer, das Kennedy um ein Haar in den Strudel des Profumo-Skandals in England hineingerissen hätte; oder um das Party-Mädchen Judith Campbell, das Kennedys Freund Frank Sinatra 1960 für ihn «besorgte». Judith Campbell war damals 25 Jahre alt und sah

Judith Campbell   Marilyn Monroe

aus wie Elizabeth Taylor. Ihre eigene Autobiographie [294] weist sie als Prototyp eines Dummchens aus, und dennoch dauerte ihre Affäre mit dem Präsidenten der USA zwei Jahre. Judith Campbell verbrachte sogar gelegentlich Nächte im Weißen Haus und vermittelte Kennedy außerdem die Dienste eines gewissen Dr. Max Jacobsohn in New York (auch «Dr. Feelgood» genannt, und von seinen späteren Kunden, den Beatles, in dem satirischen Lied «Dr. Robert» verewigt), der den Präsidenten mit Amphetaminen («Speed») versorgte.

Die Affäre Kennedys mit Judith Campbell wurde am 22. März 1962 abrupt beendet. An diesem Tag kam J. Edgar Hoover zum Mittagessen ins Weiße Haus. Hoover teilte dem Präsidenten nicht nur mit, daß seine Affäre mit Campbell von der ersten Nacht in einem New Yorker Hotel an vom FBI überwacht worden war; das FBI hatte auch herausbekommen, daß Judith Campbell gleichzeitig die Mätresse der Mafia-Gangster (und Freunde Sinatras) Sam Giancana und Johnny Roselli war. Giancana führte als Chef des «Syndikats» Al Capones Geschäfte in Chicago weiter. Giancana war einer der mächtigsten Gangster der Welt, und man schätzt, daß er mindestens 200 Morde persönlich befohlen hat. Roselli hatte als rechte Hand sowohl Capones wie auch Giancanas gearbeitet. Beide waren einerseits Ziel der Untersuchungen des Justizministeriums unter Robert Kennedy gegen die Mafia, andererseits in Zusammenhang mit «Operation Manguste» auf Castro angesetzt worden. Zusammen mit den Unterlagen über die Affäre des jungen Jack Kennedy mit Inga Arvad verfügte Hoover also über Informationen, die den Präsidenten zum Rücktritt zwingen konnten. Der letzte Anruf bei Judith Campbell aus dem Weißen Haus datiert vom selben Tag; Sinatra, der auf seinem Grundstück einen Landeplatz für den Präsidentenhubschrauber konstruieren ließ, fand sich plötzlich geschnitten – erst Ronald Reagan holte ihn wieder ins Weiße Haus. Giancana und Roselli sind inzwischen ermordet worden.

Ob Kennedy vor dem Besuch Hoovers von den Kontakten seiner Mätresse zur Mafia wußte, läßt sich nicht feststellen. Judith Campbell behauptet allerdings, als Kurier zwischen dem Weißen Haus und Giancana fungiert zu haben. Ihre Enthüllungen gaben Spekulationen Auftrieb, denen zufolge Giancana oder andere Mafia-Bosse auf den Verlust ihrer Verbindungen zum Weißen Haus mit einem Mordkomplott gegen den Präsidenten reagierten – zumal Robert Kennedy gleichzeitig FBI und Justizministerium dazu anhielt, den Kampf gegen das organisierte Verbrechen zu intensivieren. Jedenfalls kam der Mord in Dallas auch Sam Giancana sehr gelegen. In einem vom FBI abgehörten Gespräch zwischen Giancana und seinem Assistenten Charles English am 3. Dezember 1963 erklärte English: «In zwei Monaten wird das FBI so sein wie vor fünf Jahren. Sie werden sich hier nicht mehr herumtreiben... Sie werden dem Komitee ‹Gerechtigkeit für Kuba› hinterhersein... Sie meinen, das [Komitee] wäre schädlicher für das Land als wir.» [295]

Der Bruch mit Judith Campbell fiel Kennedy wahrscheinlich um so leichter, da er seit Januar 1962 eine Liebesaffäre mit Mary Pinchot begonnen hatte. Mary Pinchot, ehemalige Frau des Historikers Cord Meyer, Schwägerin des Kennedy-Vertrauten und «Newsweek»-Herausgebers Ben Bradlee, war eine schöne, intelligente und kultivierte Frau, die zugleich – ganz anders als Jacqueline – sowohl Kennedys fast selbstzerstörerische Lust an der Gefahr teilte (sie rauchte Marihuana mit ihm im Weißen Haus) als auch seine Abneigung gegen Intellektuelle begriff: Ihr gegenüber äußerte er, er würde gern nach der Präsidentschaft eine Professur an irgendeiner Universität annehmen; allein der Gedanke, täglich mit prätentiösen, selbstgefälligen liberalen Intellektuellen umgehen zu müssen, störte ihn zutiefst. Die Affäre mit Mary Pinchot wurde erst durch die Schüsse von Dallas beendet. Mary Pinchot wurde 1964 ermordet.[296]

Kennedy war darin ganz irisch-katholisch, daß ihm rigide Moralisten unsympathisch waren. Über einen möglichen Gegenkandidaten für die Wahl 1964 sagte er: *Man muß einem so moralischen Menschen wie Romney ein wenig mißtrauen. Überhaupt keine Laster, raucht nicht, trinkt nicht. Stell dir vor, einer unserer Bekannten würde sich 24 oder 48 Stunden lang zurückziehen, fasten, meditieren und auf eine Botschaft des Herrn warten, ob er kandidieren solle oder nicht. Klingt das wie einer von uns?*[297]

Trotz seiner fröhlich-unbekümmerten Doppelmoral schien es, als wären die Eheleute Kennedy im Sommer und Herbst 1963 auf dem Weg zu einem neuen Selbstverständnis. Der Verlust ihres dritten Kindes Patrick nach nur wenigen Tagen im August hatte sie einander nähergebracht. Jacquelines Erfolge bei ihren gemeinsamen Reisen nach Südamerika und Europa zeigten ihm, daß sie eine wirkliche Stütze, ja eine wichtige Partnerin sein konnte. Sie hatte ihn seit dem Tag der Amtseinführung nie auf Reisen innerhalb der USA begleitet – er bestand aber darauf, daß sie mit ihm nach Texas komme.

Dallas

Vor Dallas war Kennedy gewarnt worden. Dallas war eine Ölstadt, eine Stadt der Neureichen – bigott, aus tiefer Unsicherheit laut, fremdenfeindlich, antiliberal, antikatholisch, antikommunistisch. Hier lebten die Werte der alten Pioniergrenze, wo ein Mann zuerst schoß und dann Fragen stellte. Johnson war hier während des Wahlkampfs 1960 ausgebuht und bespuckt worden. Wenige Wochen vor Kennedys Besuch war Adlai Stevenson in Dallas von einer aufgebrachten Menge tätlich angegriffen und verletzt worden. Am Tag des Besuchs erschien in der wichtigsten Tageszeitung der Stadt eine schwarz umrandete Anzeige, in der ein selbsternannter «Ermittlungsausschuß frei- und amerikanisch-denkender Bürger» zwölf Anklagepunkte gegen den Präsidenten erhob, die in dem Vorwurf gipfelten, er habe «die Monroe-Doktrin zugunsten des ‹Geistes von Moskau› verschrottet»[298]. Flugblätter wurden verteilt, auf denen der Kopf des Präsidenten abgebildet wurde unter der Überschrift: GESUCHT WEGEN VERRATS. In den Jahren 1961 und 1962 war der Geheimdienst 34 Morddrohungen gegen Kennedy allein aus Texas nachgegangen.

Heute geht's ins Land der Spinner, sagte Kennedy zu Jacqueline am Morgen des 22. November 1963[299], und zu seinem Assistenten Kenneth O'Donnell: *Wenn jemand wirklich den Präsidenten der Vereinigten Staaten erschießen wollte, wäre es keine schwierige Arbeit – man müßte nur eines Tages mit einem Gewehr mit Zielfernrohr auf ein hohes Gebäude hinauf, niemand könnte etwas gegen einen solchen Anschlag unternehmen.*[300] Die Bemerkung hatte einen ernsten Hintergrund: Ein geplanter Autokorso durch Miami am 18. November war kurzfristig abgesagt worden, nachdem der örtlichen Polizei Pläne für einen Mordanschlag auf Kennedy nach genau diesem Muster bekannt geworden waren. Bereits im Oktober 1961 hatte das FBI von einem Informanten erfahren, daß James Hoffa, Vorsitzender der Transportarbeitergewerkschaft «Teamsters», über die Möglichkeit gesprochen hatte, Robert Kennedy bei der Fahrt durch eine Stadt in den Südstaaten im offenen Wagen von einem Scharfschützen ermorden zu lassen.[301] Der durch und durch korrupte Hoffa hatte seine Gewerkschaft zu einer Tarn- und Finanzierungsorganisation der Mafia verkommen lassen und war seit den fünfziger Jahren, als John und Robert Kennedy im McClellan-Ausschuß zur Untersuchung miß-

Dallas, 22. November 1963

bräuchlicher Praktiken der Gewerkschaften mitgearbeitet hatten, ein Erzfeind der Kennedys gewesen. Nach dem Attentat von Dallas frohlockte Hoffa: «Jetzt ist Bobby Kennedy nichts weiter als ein kleiner Rechtsanwalt.»[302] (Hoffa verschwand 1975 und ist vermutlich ermordet worden.)

Und doch mußte die Reise nach Texas unternommen werden. Der Heimatstaat des Vizepräsidenten sollte bei der Wahl 1964 für Kennedy stimmen. Der Empfang in Houston und Fort Worth war viel besser gewesen als erwartet, und auch in Dallas waren – bei strahlendem Sonnenschein – Zehntausende erschienen, die dem Präsidenten und seiner Frau einen begeisterten Empfang bereiteten. Mit dem Präsidentenehepaar fuhren der Gouverneur von Texas, John Connally, und seine Frau Nellie. Als die Limousine die Innenstadt von Dallas hinter sich ließ und über Dealey Plaza in Richtung auf eine Autobahnauffahrt rollte, sagte Frau Connally: «Sie können jedenfalls nicht behaupten, daß Dallas Sie nicht liebt, Herr Präsident.»[303] Es waren die letzten Worte, die John F. Kennedy hörte. Um 12 Uhr 30 Ortszeit fielen binnen etwa sechs Sekunden drei Schüsse. Der erste Schuß traf den Präsidenten im Nacken, durchquerte seinen Hals und traf Gouverneur Connally. Jacqueline hörte ein Geräusch, drehte sich zu ihrem Mann um und sah einen fragenden Ausdruck auf seinem Gesicht. Er schien nach seinem Hals greifen zu wollen, fiel ihr aber langsam entgegen. In diesem Augenblick traf ein zweiter Schuß seinen Hinterkopf – die rechte Kopfseite explodierte förmlich. Die Insassen der Limousine und einige Umstehende wurden mit Gehirnmasse und Blut bespritzt. Ein Schädelfragment flog auf die Straße, und in einer instinktiven Bewegung, als wollte sie es zurückholen, kletterte Jacqueline auf den Kofferraum des Autos und streckte die Hand aus. Inzwischen hatten sich die Geheimdienstleute, deren Auftrag der Schutz des Präsidenten war, von dem Schock erholt, der sie sechs tödliche Sekunden lang gelähmt hatte. Ein Agent sprang auf die Präsidentenlimousine, drückte Jacqueline zurück auf den Sitz und schützte sie mit seinem Körper. Der Fahrer gab endlich Gas. Wenige Minuten später kam der Autokorso im Parkland Memorial Hospital an. Schon bei der Ankunft war der Präsident klinisch tot, doch die Ärzte bemühten sich, einen flatternden, unregelmäßigen Herzschlag aufrechtzuerhalten, bis ein katholischer Priester, Pater Oscar Huber, gefunden werden konnte, der dem Toten die Absolution erteilte. Um 13 Uhr wurde John F. Kennedy für tot erklärt.

Wie die Monarchie läßt das amerikanische Präsidialsystem keinen Hiatus zu. Mit dem Tod des Präsidenten gehen alle Vollmachten auf den Vizepräsidenten über, dessen Funktion laut Verfassung eigentlich nur darin besteht, für eben diese Eventualität verfügbar zu sein. Mit den Schüssen am Dealey Plaza war Lyndon B. Johnson bereits in sein Amt eingeführt worden. Doch der Chef der Exekutive in der größten Demokratie der Welt – nicht anders als ein urzeitlicher Stammeshäuptling – braucht die Symbole und Insignien der Macht und den Segen der Gottheit, um seine Herrschaft zu legitimieren. Während also «der Mann mit der Tasche», ein Geheimdienstagent, der bei allen Reisen des Präsidenten die Geräte mitführt, mit denen sein Chef im Notfall das nukleare Zerstörungspotential der USA freigeben kann, verloren durch die Gänge des Parkland Memorial Hospital wanderte, fuhr Johnson bereits zum Flughafen von Dallas und bestieg das dem Präsidenten vorbehaltene Flugzeug «Air Force One». Auch der bronzefarbene Plastiksarg mit der Leiche des Expräsidenten, auch seine Witwe wurden an Bord gebracht. Flankiert von seiner Ehefrau Lady Bird und Jacqueline Kennedy in ihrem blutbeschmierten rosaroten Kostüm, umgeben von Mitgliedern seiner Entourage und des Stabs seines Vorgängers, fotografiert vom offiziellen Fotografen des Weißen Hauses, die Hand auf John F. Kennedys Reisebibel, legte Lyndon B. Johnson um etwa 14 Uhr 40 in der Hauptkabine von «Air Force One» den Amtseid als 36. Präsident der Vereinigten Staaten ab. Die 1036 Tage des Präsidenten John F. Kennedy waren vorbei.

In Dealey Plaza hatten mehrere Menschen gesehen, wie ein Mann aus

Lyndon B. Johnson wird auf der «Air Force One» als neuer Präsident der USA vereidigt, rechts Jacqueline Kennedy

dem Eckfenster im fünften Stock eines Auslieferungslagers für Schulbücher auf den Autokorso geschossen hatte. Ein Mann hatte den Mörder sogar einige Minuten früher mit seinem Gewehr im Fenster beobachtet, hatte ihn aber für einen Geheimdienstagenten gehalten. Auf Grund der Zeugenaussagen konnte die Polizei in Dallas wenige Minuten nach dem Anschlag eine Personenbeschreibung des mutmaßlichen Präsidentenmörders an alle Streifenwagen durchgeben. Um 13 Uhr 15 sah der Polizist J. D. Tippitt einen Mann, auf den die Personenbeschreibung zutraf und der es sehr eilig hatte. Tippitt hielt seinen Streifenwagen an und stieg aus, offensichtlich um den Mann anzusprechen. Mehrere Zeugen beobachteten, wie der Mann plötzlich eine Pistole zog und vier Schüsse auf Tippitt abfeuerte, der tot zusammenbrach. Auf seinem Fluchtweg wurde der Mörder von mehreren Menschen beobachtet, von einigen sogar verfolgt. Er verschwand schließlich in einem Kino, das wenig später von der herbeigerufenen Polizei umstellt wurde. Bei seiner Festnahme rief der Mann: «Jetzt ist alles vorbei!» und zog noch einmal seine Pistole, konnte aber nicht mehr schießen. Kurz vor vierzehn Uhr wurde er in die Polizeizentrale gebracht.

Inzwischen hatten Polizisten das Schulbuchlagerhaus abgesperrt und durchsucht. Im fünften Stock fanden sie ein Gewehr mit Zielfernrohr und drei leere Patronenhülsen. Der Verwalter des Lagerhauses stellte fest, daß einer seiner Mitarbeiter seit der Mittagspause verschwunden war. Er befand sich wegen des Mordes an Tippitt bereits in Polizeigewahrsam. Sein Name war Lee Harvey Oswald.

Lee Harvey Oswald wurde am 18. Oktober 1939 in New Orleans geboren, zwei Monate nach dem Tod seines Vaters. Er war das dritte Kind seiner Mutter Marguerite, einer Verkäuferin. Er war ein einsames Kind. Er war überdurchschnittlich intelligent und las viel und gern, doch seine Legasthenie führte zu zahlreichen Frustrationen in der Schule. 1953 wurde Lee wegen seines ständigen Schulschwänzens in ein Heim eingewiesen und von Psychiatern eingehend untersucht, die einen «emotional wirklich gestörten Jugendlichen» vorfanden, der an den Folgen «emotionaler Isolation und Deprivation, Mangel an Zuwendung, Fehlen eines Familienlebens und Ablehnung durch... [die] Mutter» litt, «eine gestörte Persönlichkeitsstruktur mit schizoiden Merkmalen und passiv-aggressiven Tendenzen» aufwies und «seine Mängel und Frustrationen durch rege Phantasien kompensiert, die sich um die Themen Allmacht und Gewalt drehen».[304]

Mit siebzehn wurde Lee Oswald bei den «Marines» aufgenommen. Dort wurde er als Radartechniker ausgebildet; er lernte aber auch schießen und wurde als «Scharfschütze» eingestuft. Seit seinem fünfzehnten Lebensjahr hatte sich Oswald mit dem Marxismus beschäftigt. Sein Lieblingsbuch war George Orwells «1984», das er jedoch nicht als Kritik am Totalitarismus verstand, sondern als Beschreibung der Gesellschaft, wie er sie erlebte. Zusammen mit einigen Kameraden träumte er davon, zu Castros Guerrilleros zu stoßen und als Revolutionsführer Heldentaten zu vollbringen.

1959 fuhr Oswald nach Moskau, wo er seinen amerikanischen Paß in der Botschaft der USA abgab und die sowjetische Staatsbürgerschaft beantragte. Die sowjetischen Behörden waren von diesem Überläufer wenig angetan und verfügten seine Ausweisung. Erst ein Selbstmordversuch Oswalds führte dazu, daß er als «Staatenloser» eine Aufenthaltsgenehmigung erhielt. Er wurde als Arbeiter in eine Fabrik für Rundfunk- und Fernsehgeräte in Minsk gesteckt. Dort bekam er als Ausländer eine große Wohnung, verdiente, wie er selbst schrieb, so viel wie der Fabrikdirektor, wurde Mitglied eines Jagdclubs und galt – als Amerikaner – zum erstenmal in seinem Leben etwas bei den Frauen. Am 30. April 1961 heiratete er die schöne Marina Prusakowa. Im Februar des nächsten Jahres wurde ihre Tochter June Lee geboren.

«Amerika ist ein sterbendes Land», schrieb Oswald an seinen Bruder. «Ich will kein Teil davon sein... Du sprichst von Vorteilen. Glaubst Du, ich bin deshalb hier? Wegen persönlicher, materieller Vorteile? Das Glück gründet sich nicht in einem selber, es besteht nicht aus einem kleinen Häuschen, aus Nehmen und Bekommen. Das Glück liegt in der Teilnahme am Kampf, wo es keine Grenzlinie zwischen seiner persönlichen Welt und der Welt an sich gibt.»[305]

Seit Moskau führte Oswald ein «Historisches Tagebuch» über seine Erlebnisse. Im Januar 1961 schreibt er: «Ich beginne, meinen Wunsch, hierzubleiben, zu überdenken, die Arbeit ist langweilig, das Geld, das ich bekomme, kann ich nirgendwo ausgeben. Keine Nachtclubs oder Bowling-Bahnen, keine Erholung außer Tanzveranstaltungen der Gewerkschaft. Ich habe es satt.»[306]

Oswald beantragte für sich, Marina und das Kind die Rückkehr in seine Heimat. Das amerikanische Außenministerium machte keine Schwierigkeiten und lieh der Familie sogar das nötige Geld für die Reise. Im November 1962 war Lee Harvey Oswald wieder in Amerika.

In Amerika ging es Oswald schlecht. Er konnte es nie lange an einer Arbeitsstelle aushalten. Das Geld reichte nicht aus, um Marinas steigende materielle Bedürfnisse zu befriedigen. Sie begann, sich von ihm abzuwenden und machte sich vor Freunden über seine mangelnde Potenz lustig. Schließlich zog sie aus der gemeinsamen Wohnung aus und lebte bei einer Freundin, wo Oswald sie nur an den Wochenenden besuchen durfte.

Auch politisch fand Oswald keine Heimat. Er bezog kommunistische Zeitungen und korrespondierte mit einem Leitungsmitglied der kommunistischen Partei, wurde aber nicht Mitglied. Bei einem Aufenthalt in New Orleans im Sommer 1963 gründete er eine örtliche Sektion des «Gerechtigkeit für Kuba»-Komitees, deren einziges Mitglied er selbst wurde, und schrieb Berichte über die – meist frei erfundenen – Aktivitäten seiner Sektion an die Zentrale in New York. Gleichzeitig versuchte er, anscheinend ohne Auftrag, eine in New Orleans arbeitende Anti-Castro-Gruppierung zu infiltrieren. Bei seinen Kuba-Aktivitäten verwendete er oft den Decknamen «A. J. Hidell». Unter den Namen «Hidell» bestellte er auch per Postversand das Gewehr, mit dem er John F. Kennedy, und die Pistole, mit der er J. D. Tippitt erschoß. Mit dem Gewehr unternahm er, wie das FBI später feststellte, bereits im April 1963 einen erfolglosen Attentatsversuch auf den rechtsradikalen Ex-General Walker. Im Sommer 1963 reiste er nach Mexiko, wo er sich in der kubanischen Botschaft vergeblich um ein Einreisevisum für Kuba bemühte und auch die sowjetische Botschaft besuchte.

Seit seiner Rückkehr aus der UdSSR wurde Oswald vom FBI «beobachtet»; aber diese Beobachtung war – im Gegensatz zu Oswalds Phantasien eines amerikanischen Polizeistaats Orwellscher Prägung – so lückenhaft, daß der zuständige FBI-Agent Oswalds Adresse nicht kannte und weder etwas von dem Anschlag auf Walker ahnte noch über Oswalds Reise nach Mexiko informiert war; und obwohl Oswald kurz vor dem 22. November eine Nachricht beim FBI-Büro in Dallas hinterlassen hatte, in der er gedroht hatte, das Büro in die Luft zu jagen, wenn der Agent noch einmal Marina besuchen sollte, wurde Oswald nicht auf die Liste der

131

Menschen gesetzt, die dem FBI in Dallas als mögliche Sicherheitsrisiken für den Präsidenten bekannt waren.

Nach dem Attentat auf den Präsidenten hatten sich Hunderte von Reportern im Hauptquartier der Polizei von Dallas eingefunden. Polizeichef Jesse Curry hatte seine Männer angewiesen, aufs engste mit der Presse zusammenzuarbeiten. Jeder Versuch, die Bewegungsfreiheit der Reporter einzuschränken oder Ermittlungsergebnisse vorzuenthalten, so befürchtete Curry, würde von der mißtrauischen Öffentlichkeit als Zeichen dafür gedeutet werden, daß Dallas der Schande des Attentats die Schande einer Vertuschung der wahren Umstände des Attentats hinzufügen wollte. Mit seiner Entscheidung aber erreichte Curry am Ende genau das, was er verhindern wollte. Bereits am Wochenende gab es Anrufe aus Washington, zum Beispiel von Hoover, die besorgt feststellten, daß die Interviews der ermittelnden Beamten einer Vorverurteilung Oswalds gleichkamen und unter Umständen das Zustandekommen eines Gerichtsverfahrens verhindern könnten, da das amerikanische Recht die Zusammenstellung von zwölf Geschworenen verlangt, die keine vorgefaßte Meinung zu dem zu beurteilenden Fall haben. Aus diesem Grund wurde beschlossen, Oswald in ein anderes Gefängnis zu überführen. Zeit und Ort der Überführung wurden jedoch der Presse bekanntgegeben. Am Sonntag, dem 24. November, warteten wieder zahlreiche Reporter in der Garage des Polizeihauptquartiers auf Oswald. Als er zu einem Polizeiauto geführt wurde, drängte sich ein Mann nach vorn, zog eine Pistole und schoß Oswald – vor den laufenden Fernsehkameras – in den Bauch. Oswald wurde sofort ins Parkland Memorial Hospital gefahren, wo er noch am selben Tag starb.

Der Mann, der Lee Harvey Oswald erschoß, hieß Jack Ruby, betrieb zwei Strip-Lokale in Dallas und hatte entsprechend oft geschäftlich mit der Polizei von Dallas zu tun. Ruby war als Jacob Rubinstein im jüdischen Getto von Chicago aufgewachsen, das fünfte von acht Kindern. Sein Vater war Trinker, seine Mutter Neurotikerin. Wie sein Opfer Lee Oswald verbrachte Jacob Rubinstein einen Teil seiner Kindheit in Heimen; wie Oswald fiel Rubinstein zuerst wegen Schulschwänzens auf; der Bericht der Psychiater charakterisiert ihn als «jähzornig»[307]. Wie Oswald verließ Rubinstein mit sechzehn die Schule; er schlug sich in Chicago, Los Angeles und San Francisco am Rande der Legalität durch, wurde Soldat (und, wie Oswald, «Scharfschütze») und schließlich Barbesitzer in Dallas, wo er den Namen Ruby annahm. Er konnte abwechselnd jähzornig und sentimental sein, war autoritätshörig und geltungssüchtig. Der Mord an Kennedy verstörte ihn – wie viele Amerikaner – zutiefst. Seiner Schwester sagte er, er fühle sich schlimmer als nach dem Tod seiner Eltern. Besonders schlimm fand Ruby – als Jude –, daß die Anzeige des «Ermittlungsausschusses» gegen Kennedy von einem «Bernard Weissman» unterschrieben war. Als er den Namen nicht im Telefonbuch finden konnte,

24. November 1963: Jack Ruby erschießt Oswald

setzte sich der Gedanke bei Ruby fest, mit dem jüdischen Namen Weissman sollte den Juden die moralische Schuld für den Präsidentenmord in die Schuhe geschoben werden. Am Morgen des 24. November las Ruby in der Zeitung, daß Jacqueline Kennedy eventuell nach Dallas zurückkehren müsse, um im Prozeß gegen Oswald auszusagen, «und plötzlich fühlte ich, und das war so dumm, daß ich meine Liebe zu meinem Glauben zeigen wollte, ich bin ja jüdischen Glaubens... daß irgend jemand es unserem geliebten Präsidenten schuldete, ihr die Tortur zu ersparen, hierher zurückzukommen».[308] «Ich tat es für die Juden Amerikas.»[309] Ruby wurde wegen des Mordes an Oswald zum Tode verurteilt, starb aber 1967 eines natürlichen Todes in Parkland Memorial Hospital.

Meine Darstellung der Ereignisse jenes Wochenendes in Dallas folgt weitgehend der Darstellung im Bericht der sogenannten Warren-Kommission, die von Präsident Johnson eingesetzt wurde, um die Fakten über den Mord an John F. Kennedy zu ermitteln, und insbesondere festzustellen, ob Oswald, wenn er der Täter war, allein handelte oder als Teil einer Verschwörung. Die Kommission kam zu dem Ergebnis, daß ein Außenseiter, ein psychisch gestörter und politisch fanatisierter Einzelgänger – Lee Harvey Oswald – den Präsidenten niederstreckte. Am 25. Jahrestag des Mordes ergab aber eine Umfrage, daß nur 13 Prozent aller Amerikaner hiervon überzeugt sind. Zwei Drittel glauben, daß eine Verschwörung existierte, 61 Prozent glauben, daß die Behörden selbst diese Tatsache vertuscht haben. 59 Prozent aber sind gegen eine neue Untersuchung.[310] Diese Zahlen sagen etwas aus über das Mißtrauen der amerikanischen Bevölkerung gegenüber der Regierung und insbesondere gegenüber der Polizei, dem FBI und dem CIA. Dieses Mißtrauen hat gute Gründe – die Veröffentlichung der Pentagon-Papiere und der Ergebnisse der Rockefeller-Kommission sowie der Senatskommission über illegale Aktivitäten des CIA, Affären wie Watergate und der Iran-Contra-Skandal haben gezeigt, wie selbst in einer Demokratie die Exekutive zu einem Staat im Staate werden kann, haben das Einverständnis zwischen Staat und Bürgern zerstört. Dieses Mißtrauen trifft die Warren-Kommission zwar zu Unrecht; gerade die Ereignisse von Dallas aber riefen die ersten zunächst leisen, dann immer lauter werdenden Zweifel an der Fähigkeit und Bereitschaft der Exekutive hervor, den Bürgern die Wahrheit zu sagen, so daß für Millionen im Rückblick der Mord an Kennedy wie eine Zäsur erscheint, der Tag, an dem Amerika seine Unschuld verlor.

«Papa, was ist mit unserem Land passiert?» fragte Arthur Schlesingers weinende Tochter am Abend des 22. November. «Wenn wir so ein Land haben, will ich hier nicht mehr leben.»[311] Sekunden nach den Schüssen, den zerstörten Kopf ihres Mannes im Schoß, rief Jacqueline: «Mein Gott, was tun sie? Mein Gott, sie haben Jack umgebracht...» Connally schrie: «Nein, nein, nein, nein, nein! Sie werden uns alle töten!» Ein Amateurfilmer, Abraham Zapruder, kreischte immer wieder: «Sie haben ihn getötet, sie haben ihn getötet!»[312] «Sie» – ein durchaus unbestimmtes Pronomen, das aber im Kontext von Dallas bedeutete: Rechtsradikale, Rassisten, «frei- und amerikanisch-denkende Bürger». Das Militär, das in seinen eigenen Kategorien denkt, sah in der Liquidierung des Oberkommandierenden den möglichen Auftakt zu einem kommunistischen Überraschungsangriff: Alle Streitkräfte wurden in die höchste Alarmbereitschaft («Red Alert») versetzt, um einen möglichen Präventivschlag führen zu können. «Prawda» hingegen schrieb bereits am 24. November, die Tat erinnere «an andere... Taten der Gangsterbanden, deren Verbindungen oft in die höchsten Kreise reichen, wo sie ihre Beschützer vom extrem rechten Flügel haben». «L'Humanité», das Zentralorgan der französischen KP, wußte schon am 26. November zu berichten, die Tat sei «ein von langer Hand vorbereitetes politisches Verbrechen mit einem weitreichenden Komplott amerikanischer Extremisten, die ihrem Land eine neue politische Richtung geben wollen hin zu Krieg und Faschismus». So wurden binnen weniger Tage bereits die Theorien entwickelt und geäußert, die bis heute den blühenden Markt der «Dallas-Literatur» beherrschen: Kennedy sei das Opfer kommunistischer Mächte, von Gangsterbanden oder Rechtsextremisten geworden, die von «höchsten Kreisen» gedeckt werden. Diese Theorien bestätigen nicht nur auf ange-

Earl Warren

nehme Weise unsere jeweiligen ideologischen Vorurteile – sie erfüllen unser tiefes, oft nur halbbewußtes Bedürfnis, einen Sinn in der Geschichte zu entdecken. «Ihm wurde nicht einmal die Genugtuung zuteil, für die Bürgerrechte getötet zu werden», sagte Jacqueline bitter, als sie von Oswalds Festnahme hörte. «Es ist – es mußte irgendein dummer kleiner Kommunist sein.»[313]

Sieben Tage nach dem Attentat schuf Lyndon B. Johnson die «Kommission des Präsidenten über die Ermordung Präsident Kennedys» unter dem Vorsitz des obersten Bundesrichters Earl Warren. Unter Warrens Vorsitz hatte sich das Oberste Gericht von einer konservativen Institution zu einem Motor des Fortschritts entwickelt, wegen seiner Entscheidung gegen die Rassentrennung in den Schulen gehörte Warren zu den bestgehaßten Menschen in Texas und dem gesamten Süden. Warren wollte die undankbare Aufgabe nicht übernehmen, aber Johnson überredete ihn: «Wenn gewisse Gerüchte nicht zum Verstummen gebracht würden», sagte der Präsident, «könnten sie die Vereinigten Staaten in einen Krieg hineinziehen, der das Leben von vierzig Millionen kosten könnte.»[314] Auf Grund der Verbindungen Oswalds zu Kuba mehrten sich die Stimmen, die von einer Verschwörung Castros sprachen und Krieg forderten. (Johnson selbst mag von der Existenz einer solchen Verschwörung überzeugt gewesen sein. Kurz vor seinem Tod sagte er dem Fernsehjournalisten Howard K. Smith: «Kennedy versuchte, Castro zu erwischen, aber Castro hat ihn vorher erwischt.»[315])

Der Bericht der Warren-Kommission umfaßt über 850 Seiten sowie 26 Bände mit Zeugenaussagen und Dokumenten. Die Sorgfalt und Objektivität, mit der Aussagen und Gerüchten nachgegangen, Theorien diskutiert und überprüft, Fakten gesammelt und dargestellt wurden, müssen dem unvoreingenommenen Leser noch heute Respekt abnötigen. (Und auch einem voreingenommenen: Der Autor dieser Zeilen war auf Grund seiner Kenntnis der kritischen Literatur zum Warren-Bericht ein äußerst skeptischer Leser, mußte aber nach der Lektüre feststellen, daß die meisten kritischen Autoren entweder den Warren-Bericht nicht kennen oder diese Unkenntnis bei ihren Lesern voraussetzen.)

Dem Warren-Bericht gelang es, die Anhänger der Theorie einer kommunistischen Verschwörung zunächst zum Schweigen zu bringen. In der aufgeheizten Atmosphäre der späten sechziger und der siebziger Jahre aber wurden die Stimmen der linken Kritiker des Berichts um so lauter. 1967 erhob Jim Garrison, Staatsanwalt in New Orleans, Anklage gegen den Geschäftsmann Clay Shaw wegen Verschwörung zum Mord an Präsident Kennedy. Das Verfahren endete mit einem Debakel, als klar wurde, daß Garrison Zeugen – vielfach aus dem homosexuellen Milieu – bedroht, bestochen, mit einem «Wahrheitsserum» behandelt hatte und hypnotisieren ließ, um die gewünschten Aussagen zu erhalten. Doch «etwas bleibt immer hängen»: Es blieb und wuchs das Gefühl, der Warren-Bericht dürfe nicht das letzte Wort sein.

Er ist es auch nicht geblieben. Am 6. Juni 1975 setzte Präsident Gerald Ford (der selbst als Kongreßabgeordneter Mitglied der Warren-Kommission gewesen war) eine Kommission unter dem Vorsitz von Vizepräsident Nelson Rockefeller ein, die illegale Aktivitäten des CIA in den USA untersuchen sollte. Die Kommission untersuchte auch die Gerüchte einer Beteiligung von CIA-Agenten an dem Kennedy-Mord und fand «keinen glaubwürdigen Beweis für irgendeine Beteiligung des CIA»[316]. Kurz darauf wurde ein Untersuchungsausschuß des Senats eingesetzt, der sich ebenfalls mit Aktivitäten der Geheimdienste beschäftigen und in diesem Zusammenhang auch die Frage einer Verschwörung gegen Kennedy (etwa als Reaktion auf Mordanschläge des CIA) untersuchen sollte. Der Ausschußvorsitzende, Senator Schweiker, sagte vor Beginn der Arbeit, der Warren-Report sei «ein Kartenhaus, das zusammenbrechen wird»[317].

Tatsächlich deckte der Senatsausschuß Vertuschungsversuche sowohl des CIA wie auch des FBI auf: Der CIA hatte der Warren-Kommission seine illegalen Mordpläne gegen Castro und Castros Gegendrohung verschwiegen. Hätte die Warren-Kommission von diesen Zusammenhängen gewußt, hätte sie den Gerüchten, die von einer Kontaktaufnahme Oswalds mit Angehörigen des kubanischen und sowjetischen Geheimdienstes während seines Mexiko-Aufenthalts im Sommer 1963 wissen wollten, wahrscheinlich größere Aufmerksamkeit geschenkt. Aus Scham über das Versagen des FBI im Falle Oswald hatte das Büro in Dallas Oswalds Drohbrief vernichten lassen und seine Existenz der Warren-Kommission gegenüber verschwiegen. Die größte Schuld an diesen Vertuschungsmanövern trifft Robert Kennedy, der als Justizminister die politische Verantwortung für den Einsatz des FBI trug, der um die Affäre Campbell–Giancana–Roselli wußte und als persönlicher Vertreter seines Bruders im CIA selbst den geheimen Krieg gegen Castro forciert hatte. Das fatale Familienethos der Image-Kontrolle aber ließ Robert Kennedy über diese Schattenseiten Camelots bis zu seinem eigenen Tod schweigen, obwohl er wissen mußte, daß sein Schweigen die Verschwörer – wenn es eine Verschwörung gab – schützte.

Trotz seiner schwerwiegenden Kritik betonte der Senatsausschuß, daß er «keine Beweise aufgedeckt hat, die die Annahme einer Verschwörung gegen Präsident Kennedy rechtfertigen würden»[318]. Die Kritiker des Warren-Berichts erzwangen schließlich 1979 die Einrichtung eines Untersuchungsausschusses des Repräsentantenhauses, der die Morde an John F. Kennedy, Robert F. Kennedy und Martin Luther King untersuchen sollte. Hauptanwalt und Stabschef des Ausschusses war Robert Blakey, Verfasser eines Buchs mit dem Titel: «Die Mordverschwörung gegen den Präsidenten: Das organisierte Verbrechen ermordete JFK»[319]. Nach zwei Jahren Untersuchungsarbeit und siebzehn Sitzungen kam der Ausschuß zunächst zu den gleichen Ergebnissen wie der Senatsausschuß und die Warren-Kommission. In der achtzehnten und letzten, nichtöffentlichen Sitzung hörte das Komitee zwei Akustik-Experten an. Sie hatten ein Tonband der Polizei aus Dallas ausgewertet. (Ein Polizist hatte das Mikrofon seines am Motorrad befestigten Funkgeräts nicht abgeschaltet, so daß eine Tonaufnahme der Geräusche am Dealey Plaza in den Unterlagen der Polizei gefunden werden konnte, die den gesamten Funkverkehr aller Einheiten mitschneidet.) Die Experten sagten aus, daß auf dem Tonband vier Schüsse zu hören seien. Da es aber für Oswald physisch fast unmöglich war, in der fraglichen Zeit vier Schüsse abzugeben, kam das Komitee zum Ergebnis, «daß sehr wahrscheinlich zwei bewaffnete Männer auf Präsident Kennedy schossen», der also «wahrscheinlich Opfer einer Verschwörung» war.[320]

Im Herbst 1980 wurde das fragliche Tonband im Auftrag des Nationalen Forschungsrates der USA von einem Expertenteam unter dem Vorsitz des Physikprofessors Norman F. Ramsey (Harvard) noch einmal untersucht. Das «National Research Council Commitee on Ballistic Acoustics» veröffentlichte seine Ergebnisse im Mai 1982. Die fragliche Aufnahme ist etwa eine Minute n a c h dem Mord entstanden. Die angeblichen Schüsse sind schlicht und einfach atmosphärische Störungen.[321]

Wie die Umfrageergebnisse zeigen, beeindrucken solche Untersuchungen die meisten Amerikaner nicht mehr. Dallas hat – wie Camelot – inzwi-

Die Beerdigung John F. Kennedys auf dem Heldenfriedhof Arlington, 25. November 1963

schen mythische Dimensionen angenommen. Durch seinen Tod ist John Kennedy zum Symbol für alle uneingelösten Hoffnungen des «amerikanischen Jahrhunderts» geworden – der beliebteste Präsident aller Zeiten, vor F. D. Roosevelt, Abraham Lincoln, Ronald Reagan.[322] Kennedy wußte zwar: *Der größte Feind der Wahrheit ist nicht die Lüge – absichtsvoll, künstlich, unehrlich –, sondern der Mythos – fortdauernd, verführerisch und unrealistisch*[323]; der Mensch und Politiker John F. Kennedy aber ist, Historikern und Biographen zum Trotz, immer noch der Gefangene seines eigenen Mythos.

Anmerkungen

Die Bezeichnung «JFKL» hinter einer Quellenangabe bedeutet, daß die betreffende Quelle zum Bestand der John F. Kennedy Library gehört. Wo eine englischsprachige Quelle angegeben wird, handelt es sich um Eigenübersetzungen des Autors. Der Bibliographie kann entnommen werden, ob das Werk auch in deutscher Sprache erschienen ist.

1 Kennedy, Rose: Alles hat seine Stunde: Meine Lebenserinnerungen, Stuttgart 1974, S. 263
2 Interview mit R. Fay, zitiert in Collier, Peter und David Horowitz: The Kennedys: An American Drama, London 1985, S. 173
3 Interview mit Bob Considine, zitiert in Blair, Joan und Clay, Jr.: The Search for JFK, New York 1976, S. 356
4 «McCall's», August 1957
5 Rede vor der Washingtoner Sektion des AJC, 4. Juni 1957, in: Congressional Record Vol. 103, Part 12, 29. August 1957, S. 16429
6 Zitiert in Burns, James MacGregor: John Kennedy: A Political Profile, New York 1960, S. 250
7 Documents on German Foreign Policy, 1918–1945 (Hg. State Department, Washington D. C.), Series D Vol. 1, S. 368
8 Zitiert in Amory, Cleveland: The Proper Bostonians, New York 1947, S. 346
9 Zitiert in Burner, David: John F. Kennedy and a New Generation, Boston 1988, S. 5
10 «Fortune», September 1937
11 Interview mit der Autorin in Goodwin, Doris Kearns: The Fitzgeralds and the Kennedys: An American Saga, London 1987, S. 144
12 Interview mit J. M. Burns in Burns, op. cit., S. 21
13 Zitiert in Collier/Horowitz, op. cit., S. 60
14 Kennedy, Rose, op. cit., S. 91 f
15 Ebd., S. 56
16 Ebd., S. 142
17 Zitiert in Schlesinger, Arthur M., Jr.: Kennedy, John Fitzgerald (Beitrag in: Dictionary of American Biography, New York 1981, Suppl. 7, S. 418)
18 Kennedy, John F.: My Brother Joe, in: ders. (Hg.), As We Remember Joe, Privatdruck, Cambridge, Mass. 1945, S. 3 f
19 Zit. in Burns, op. cit., S. 28
20 Faksimile des Briefes in Meyers, Joan (Hg.): John Fitzgerald Kennedy… As We Remember Him, New York 1965, S. 12
21 Payson Wild Oral History, JFKL
22 Zitiert in Collier/Horowitz, op. cit., S. 180
23 Nach Pschyrembel: Klinisches Wörterbuch, Berlin 1977
24 Blair, Joan und Clay, op. cit., S. 556–580
25 Ewald, Knut: Innere Medizin in Stichworten. Zweiter Band, Frankfurt/M. 1973, S. 747 f
26 Zitiert in Collier/Horowitz, op. cit., S. 66

27 Kennedy, Rose, op. cit., S. 194
28 Brief an den Vater, undatiert (1930?), zitiert in Burns, op. cit., S. 24
29 Zitiert in Meyers, Joan, op. cit., S. 17
30 Zitiert in Crown, James T.: The Kennedy Literature: A Bibliographical Essay on John F. Kennedy, New York 1968, S. 43
31 Schlesinger, op. cit., S. 424
32 Tagebucheintrag, Juni 1941 (Rio de Janeiro), zit. in Blair, Joan und Clay, op. cit., S. 110
33 Kennedy, John F.: Why England Slept, New York 1940, S. 178
34 Ebd., S. 116
35 Zitiert in de Bedts, Ralph F.: Ambassador Joseph Kennedy 1938–1940: An Anatomy of Appeasement, New York 1985, S. 124
36 Entwurf einer Rede zum 31. August 1938 (diese Passage wurde auf Anweisung Roosevelts gestrichen), Diplomatic Memoirs of Joseph P. Kennedy (unveröffentlicht), Kap. 13, S. 5, JFKL
37 «The Times» (London), 20. Oktober 1938
38 (November 1938), zit. in Burns, op. cit., S. 37
39 Kennedy, John F.: Why England Slept, op. cit., S. 184 f
40 Ebd., S. 21
41 Ebd., S. 155
42 Ebd., S. 159
43 Ebd., S. 176
44 Ebd., S. 177
45 Ebd., S. 181
46 Ebd., S. 180
47 Ebd., S. 153
48 Ebd., S. 181
49 Ebd., S. 122
50 (Februar 1939?) JFKL
51 Die ganze Frage wird ausführlich diskutiert in Blair, Joan und Clay, op. cit., S. 117–147
52 Brief an die Eltern, 14. Mai 1943, JFKL
53 Bulkley, Robert: At Close Quarters, New York 1962, S. 123
54 Brief an die Eltern (erhalten 12. September 1943), JFKL
55 Blair, Joan und Clay, op. cit., S. 286 f
56 Interview der Autoren mit Lem Billings, zitiert in Collier/Horowitz, op. cit., S. 174
57 George St. John an Rose Kennedy, 22. August 1945, zitiert in Parmet, Herbert S.: Jack: The Struggles of John F. Kennedy, New York 1980, S. 136
58 Zitiert in Blair, Joan und Clay, op. cit., S. 378 f
59 «New York Journal-American», 23. Juni 1945
60 Zitiert in Burns, op. cit., S. 60
61 Patsy Mulkern Oral History, JFKL
62 Dave Powers, Interview mit den Autoren, zitiert in Blair, Joan und Clay, op. cit., S. 436
63 Zitiert in Martin, Ralph und Ed Plaut: Front Runner, Dark Horse, Garden City 1960, S. 148
64 Interview mit J. M. Burns, zitiert in Burns, op. cit., S. 93
65 Rede, Chicago, 10. März 1947, zitiert in Blair, Joan und Clay, op. cit., S. 546
66 Rede beim Empfang der Ehrendoktorwürde der katholischen Universität Notre Dame, Januar 1950, JFKL
67 Orwell, George: 1984, Berlin 1976, S. 197
68 Zitiert in Parmet, H.: Jack, op. cit., S. 158
69 «Boston Post», 22. März 1948
70 Rede im Repräsentantenhaus, 21. Februar 1949, Congressional Record Vol. 95, Part 1, S. 532–33

71 The Christoffel Case – Factual Background, unveröfftl. Ms., JFKL
72 Interview mit Irwin Ross, «New York Post», 30. Juli 1956
73 Zitiert in Crown, op. cit., S. 42
74 Pressekonferenz, «New York Times», 11. November 1960
75 Gespräch mit A. M. Schlesinger, Jr. zitiert in Blair, Joan und Clay, op. cit., S. 574
76 Fernsehinterview, 4. Juli 1960, zitiert ebd.
77 Schlesinger, Arthur M., Jr.: A Thousand Days: John F. Kennedy in the White House, Boston 1965, S. 96
78 Interview mit Bob Hartmann, «Sunday Times», 3. Juli 1960
79 Zitiert in Burns, op. cit., S. 4
80 Zitiert in Whalen, R.: The Founding Father, New York 1964, S. 375
81 Zitiert in Crown, op. cit., S. 44
82 Burns, op. cit., S. 54
83 Kennedy, Rose, op. cit., S. 145
84 Kennedy, John F.: Zivilcourage, Wien 1960, S. 23
85 Interview mit Eleanor Harris – «The Senator Is In a Hurry», in: «McCall's», August 1957
86 Zitiert in Burner, David, op. cit., S. 26
87 Zitiert in Lasky, Victor: J. F. K. – The Man and the Myth, New York 1963, S. 151
88 Interview Fletcher Knebels mit Herbert Parmet, zitiert in Parmet, H.: Jack, op. cit., S. 511
89 Zitiert in Collier/Horowitz, op. cit., S. 231
90 Kennedy, Edward M. (Hg.): The Fruitful Bough (Festschrift für Joseph P. Kennedy), Privatdruck 1965, S. 127
91 «Los Angeles Times», 29. Februar 1960
92 Interview der Autoren mit Mary Gimbel, zitiert in Collier/Horowitz, op. cit., S. 212
93 Interview der Autoren mit der Schriftstellerin Priscilla McMillan, zitiert in Collier/Horowitz, op. cit., S. 214
94 «Time», 2. Dezember 1957, S. 20
95 Davis, John F.: The Bouviers: Portrait of an American Family, New York 1969, S. 308
96 Zitiert in Safire, William: Safire's Political Dictionary, New York 1978, S. 373
97 Burner, David, op. cit., S. 36
98 Interview mit Paul F. Healy, «The Saturday Evening Post», 13. Juni 1953
99 Zitiert in Borch, Herbert von: John F. Kennedy – Amerikas unerfüllte Hoffnung, München 1988, S. 29
100 Zitiert in Burns, op. cit., S. 155
101 Interview mit Irwin Ross, «New York Post», 30. Juli 1960
102 Manuskript einer nicht gehaltenen Rede im Senat, zitiert in Burns, op. cit., S. 147
103 Ebd., S. 146
104 Brief an einen McCarthy-Anhänger, undatiert (1954?), zitiert ebd., S. 141
105 «Journal of the American Medical Association Archive of Surgery», November 1955
106 Interview mit Irwin Ross, a. a. O.
107 Ebd.
108 Frage bei der Fernsehsendung «Meet the Press», zitiert in Burns, op. cit., S. 141
109 Interview mit J. B. Burns (17. Juli 1959), zitiert ebd., S. 152
110 Ebd.
111 Kennedy, John F.: Zivilcourage, op. cit., S. 290
112 Ebd., S. 32
113 Ebd.
114 Ebd., S. 22f.
115 Ebd., S. 35
116 Ebd., S. 291
117 «New York Times», 25. Juli 1956

118 Interview mit Bob Considine, «New York Journal-American», 5. Mai 1957
119 Kennedy, John F.: As We Remember Joe, op. cit., Einleitung
120 Interview der Autoren mit Betty Spalding, zitiert in Blair, Joan und Clay, op. cit., S. 318
121 «Washington Post», 29. Mai 1987
122 Die anonyme Quelle wird zitiert in Collier/Horowitz, op. cit., S. 392
123 Interview H. Parmets mit Dave Powers, zitiert in Parmet, H.: Jack, op. cit., S. 387
124 Kennedy, John F.: Zivilcourage, op. cit., S. 252 f
125 Interview mit Bob Considine, a. a. O.
126 Brief an James P. Coleman, 1. November 1956, JFKL
127 Zitiert in Lasky, Victor, op. cit., S. 203
128 Zitiert ebd., S. 249
129 Congressional Record, 1. August 1957, S. 13 305–13 307
130 Interview mit J. M. Burns, zitiert in Burns, op. cit., S. 76
131 «New York Times», 11. März 1960
132 Interview H. Parmets mit Deidre Henderson, zitiert in Parmet, H.: Jack, op. cit., S. 461
133 Arthur Krock Oral History, JFKL
134 Schlesinger, Arthur M., Jr.: Robert Kennedy And His Times, Boston 1978, S. 199
135 Rede vor Journalisten in Washington, 10. März 1958, JFKL
136 Interview, 1956, zitiert in Burns, op. cit., S. 242 f
137 Zitiert ebd., S. 247
138 Interview mit Fletcher Knebel, «Look», 3. März 1959
139 Interview mit NBC, Dezember 1957, zitiert in Burns, op. cit., S. 247
140 Brief an eine Wählerin, zitiert ebd., S. 297
141 Zitiert in «The Catholic Observer», Vol. 5, Nr. 17, 6. März 1959, S. 1–3
142 Zitiert in Adler, B.: Lachen mit Kennedy, Berlin 1967, S. 36
143 Zitiert in Borch, H. von, op. cit., S. 55 f
144 Zitiert ebd., S. 59
145 Zitiert nach Gauger, H./Metzger, H. (Hg.): President Kennedy Speaks, Tübingen 1964
146 1. Fernsehdebatte mit Nixon; zitiert nach Kraus, Sidney (Hg.): The Great Debates; Background – Perspective – Effects, Bloomington, Indiana, 1960, S. 367
147 4. Debatte, zitiert ebd., S. 421
148 1. Debatte, ebd., S. 367
149 «Esquire», November 1960
150 Zitiert in Kraus, S., op. cit., S. 155
151 Schlesinger, Arthur M., Jr.: Kennedy or Nixon: Does It Make any Difference? New York 1960
152 Zitiert in Davis, John H.: The Kennedys: Dynasty and Disaster, 1848–1983, New York 1984, S. 241
153 Zitiert in Wofford, Harris: Of Kennedys and Kings: Making Sense of the Sixties, New York 1980, S. 21; vgl. auch Harris Wofford Oral History, JFKL
154 «New York Times», 10. November 1960
155 Charles Spalding Oral History, JFKL
156 Rede bei der Amtseinführung, 20. Januar 1961, zitiert nach Kennedy, John F.: Amerika in der Welt von Morgen (Vom Gestern zum Morgen Bd. 9), Hg. Hans Lamm, Frankfurt/Main 1961, S. 7–11
157 Frost, Robert: For John F. Kennedy His Inauguration (...), zitiert nach: Glikes, Erwin A. und Paul Schwaber (Hg.): Of Poetry and Power: Poems Occasioned by the Presidency and by the Death of John F. Kennedy, New York 1964, S. 9
158 Rede bei der Amtseinführung, a. a. O.
159 Titel eines einflußreichen Werkes von Arthur M. Schlesinger, Jr. (The Imperial Presidency, Boston 1973)

160 Zitiert in Fairlie, Henry: The Kennedy Promise: The Politics of Expectation, Garden City, N. Y., 1973, S. 108
161 Rede bei der Amtseinführung, a. a. O.
162 Zitiert in: Dictionary of American Biography, Supplement 7, op. cit., S. 420
163 Kennedy, John F.: The Strategy of Peace, New York 1960, S. 32
164 A Democrat Looks at Foreign Policy, «Foreign Affairs», Oktober 1958, S. 44–59
165 The Strategy of Peace, op. cit., S. 8
166 Zitiert in Fairlie, op. cit., S. 21
167 Rede im Senat, 14. August 1958. Congressional Record, Vol. 104, Part 14, S. 17569–575
168 Ebd.
169 The Strategy of Peace, op. cit., S. 8
170 Vgl. Horowitz, David: The Free World Colossus, New York 1971, S. 363 f
171 Public Papers 1961, Washington D. C. 1962, S. 305 f
172 Rede bei der Amtseinführung, a. a. O.
173 Rede in Harrisburg, Pa, 15. September 1960, JFKL
174 Public Papers 1961, a. a. O.
175 S. Anm. 12
176 Rundfunkansprache (Bericht über eine Reise in den Mittleren und Fernen Osten), 14. November 1951, Mitschrift, JFKL
177 John Fitzgerald Kennedy: A Compendium of Speeches, Statements and Remarks Delivered During His Service in the Congress of the United States, Washington D. C. 1964, S. 1052–55
178 Rede bei der Amtseinführung, a. a. O.
179 Rostow, Walt R.: The Stages of Economic Growth: A Non-Communist Manifesto, New York 1960
180 Zitiert nach Farlie, op. cit., S. 130
181 Ebd., S. 131
182 Botschaft zur Lage der Nation, 30. Januar 1961, in: Amerika in der Welt von Morgen, op. cit., S. 31
183 Zitiert in Brown, Thomas: JFK: The History of an Image, Bloomington, Indiana, 1988, S. 37
184 The Strategy of Peace, op. cit., S. 9 f
185 Botschaft an den Kongreß, 28. März 1961, zitiert in Fairlie, op. cit., S. 186
186 The Strategy of Peace, op. cit., S. 9
187 Rede bei der Amtseinführung, a. a. O.
188 Zitiert in Fairlie, op. cit., S. 348
189 Schmidt, Helmut: Strategie des Gleichgewichts, Frankfurt/Main 1970, S. 25 f
190 Rede an der Universität Rochester, 1. Oktober 1959. The Strategy of Peace, op. cit., S. 10
191 Zitiert in Fairlie, op. cit., S. 9
192 A. a. O., S. 8
193 «Partisan Review», Mai/Juni 1947
194 Zitiert in Borch, op. cit., S. 29
195 Rede in Greenville, North Carolina, 17. September 1960, zitiert in Fairlie, op. cit., S. 68
196 «Parade», 6. November 1960
197 Public Papers 1962, Washington D. C. 1963, S. 533
198 «Washington Post», 6. November 1960
199 Rede in Bristol, Virginia, 21. September 1960, JFKL
200 Rede vor der UNO-Vollversammlung, September 1961, Public Papers 1961, S. 625
201 Ebd., S. 369
202 Botschaft zur Lage der Nation, a. a. O., S. 12
203 A. a. O., S. 101 f.

143

204 The Strategy of Peace, op. cit., S. 69
205 Rede zur Amtseinführung, a. a. O., S. 11
206 Zivilcourage, op. cit., S. 73
207 Ebd., S. 15
208 Ebd., S. 34
209 The Strategy of Peace, op. cit., S. 132
210 Rede in Cincinnati, 1960, zitiert in Lasky, Victor, op. cit., S. 447
211 20. Oktober 1960, zitiert in Lasky, op. cit., S. 450
212 Zitiert in Wyden, Peter: Bay of Pigs: The Untold Story, New York 1979, S. 67
213 Public Papers 1961, S. 312f
214 Zu Roger Hilsman, 1961, zitiert in Fairlie, op. cit., S. 194
215 Alle Angaben über geheime Operationen gegen Castro sind folgendem Bericht des Senats entnommen: U.S. Senate Select Committee to Study Governmental Operations with Respect to Intelligence Activities: Alleged Assassination Plots Involving Foreign Leaders: An Interim Report, 94th Congress, 1st Session, Report No. 94 – 465, Washington D. C. 1975. Dieses Zitat S. 139
216 Ebd., S. 135
217 Zitiert in Sorensen, Theodore C.: Kennedy, New York 1965, S. 649
218 Zu seinem Außenminister Dean Rusk. Zitiert in Collier/Horowitz, op. cit., S. 343
219 Alle Angaben hier und im Folgenden nach Sheehan, Neil (Hg.): Die Pentagon-Papiere – Die geheime Geschichte des Vietnamkrieges, München 1971
220 Ebd., S. 118f
221 «New Bedford Standard-Times», 22. Mai 1951
222 Rede vor dem Cathedral Club, Boston, 21. Januar 1954, JFKL
223 Rede im Senat, 6. April 1954. Congressional Record, 83rd Congress, 2nd Session, S. 4671–74
224 Rede vor dem Cathedral Club, a. a. O.
225 The Strategy of Peace, op. cit., S. 93
226 Sonderbotschaft an den Kongreß, 25. Mai 1961, in: Amerika in der Welt von Morgen, op. cit., S. 37
227 «Atlanta Constitution», 21. April 1954
228 Public Papers 1963, S. 652
229 Die Pentagon-Papiere, op. cit., S. 119
230 Zitiert in Parmet, Herbert: JFK: The Presidency of John F. Kennedy, New York 1983, S. 328
231 Public Papers 1963, S. 659
232 Ebd., S. 660
233 Interviews in Hongkong und Saigon, zitiert in Fairlie, op. cit., S. 349
234 Zitiert in Miroff, Bruce: Pragmatic Illusions: The Presidential Politics of John F. Kennedy, New York 1976, S. 146
235 Taylor, Maxwell: The Uncertain Trumpet, New York 1960, S. 24f
236 Rede vor dem Cathedral Club, a. a. O.
237 O'Donnell, Kenneth P.: LBJ and the Kennedys, «Life», 7. August 1970, S. 51f
238 Public Papers 1963, S. 673
239 Maxwell Taylor, zitiert in Parmet, Herbert: JFK, op. cit., S. 335
240 A. a. O., S. 8
241 Public Papers 1961, S. 172
242 Ebd., S. 175
243 Rede vor dem Inter-American Economic and Social Council, Punta del Este, Uruguay, August 1961. Public Papers 1961, S. 548f
244 Public Papers 1963, S. 617
245 Public Papers 1961, S. 814
246 Public Papers 1962, S. 223
247 Zitiert in Burner, op. cit., S. 104
248 Rede zur Amtseinführung, a. a. O., S. 11

249 Zitiert nach Gerards, Günter und Bernhard Gerling (Hg.): Political Speeches, Frankfurt/Main 1980

250 Bei der Darstellung des Briefwechsels Brandt–Kennedy stütze ich mich auf Prowe, Diethelm: Der Brief Kennedys an Brandt vom 18. August 1961 – Eine zentrale Quelle zur Berliner Mauer und der Entstehung der Brandtschen Ostpolitik, in: Vierteljahreshefte für Zeitgeschichte, 33(2), 1985, S. 373–383. Dort sind auch beide Briefe vollständig abgedruckt

251 «Der Spiegel», 30. August 1961, S. 12

252 Fernsehinterview, 31. Juli 1959, zitiert in Lasky, op. cit., S. 361

253 Public Papers 1961, S. 534

254 Zitiert nach Prowe, Diethelm, a. a. O., S. 383

255 Ebd., S. 382

256 Ebd., S. 383

257 Ebd.

258 Zitiert in Borch, op. cit., S. 95 f

259 Zitiert (nach Chruschtschows Erinnerungen) in Lowe, Jacques: Kennedy – Ein Lebenslauf. Photographien 1917–1963, München 1983, S. 138

260 Fernsehinterview, Dezember 1962, Public Papers 1962, S. 898

261 Zitiert in Lowe, a. a. O.

262 Zitiert in: Robert Kennedy: Thirteen Days: The Cuban Missile Crisis, London 1969, S. 60

263 Zitiert in: Dictionary of American Biography, Supplement 7, op. cit., S. 424

264 Zitiert in Schlesinger, Arthur M., Jr.: A Thousand Days op. cit., S. 363

265 Zitiert in Kennedy, Robert, op. cit., S. 78

266 Ebd., S. 133

267 Ebd., S. 71

268 Vorwort zu: Public Papers 1962, S. V

269 Walt Rostow Oral History, JFKL

270 Public Papers 1963, S. 459–464

271 Public Papers 1963, S. 308

272 Zitiert in Borch, op. cit., S. 110

273 Letter from Birmingham Jail, zitiert in Miroff, op. cit., S. 252

274 Public Papers 1963, S. 469

275 Harris Wofford Oral History, JFKL

276 Zitiert in: «New York Review of Book», 10. November 1988, S. 16

277 «New York Post», 8. April 1960

278 Zitiert in Wicker, Tom: Kennedy Without Tears: The Man Behind the Myth, New York 1964, S. 37

279 Schlesinger, Arthur M., Jr.: A Thousand Days, op. cit., S. 932

280 Zitiert in Wofford, Harris, a. a. O.

281 Public Papers 1961, S. 517

282 Schlesinger, Arthur M., Jr.: Robert Kennedy And His Times, Boston 1978, S. 324

283 Harris Wofford Oral History, JFKL

284 Public Papers 1963, S. 469 f

285 Schlesinger, Arthur M., Jr.: A Thousand Days, op. cit., S. 966

286 Zitiert in Parmet, Herbert C.: JFK, op. cit., S. 110

287 Halberstam, David: The Best And the Brightest, New York 1969 (deutsch: Die Elite, Reinbek 1974)

288 Zitiert in Crown, James T., op. cit., S. 44

289 Zitiert in: Schlesinger, Arthur M., Jr.: A Thousand Days, op. cit., S. 1027

290 Zitiert in Crown, op. cit., S. 23

291 Adler, Bill (Hg.): Lachen mit Kennedy, Berlin 1967, S. 126

292 Vgl. «Newsweek» 48/1983, insbes. S. 36

293 Davis, John H.: The Kennedys, op. cit., S. 390

294 Exner, Judith Katherine mit Ovid Demaris: My Story, London 1977

295 Report of the Select Committee on Assassinations, U.S. House of Representatives, 95th Congress, 2nd Session, Washington D. C. 1970, S. 169

296 Zu Campbell und Pinchot vgl. insbes. Parmet, Herbert C.: JFK, op. cit.; zu Campbell vgl. auch «Der Spiegel» 9/1988 S. 143f.; zu Pinchot s. Nobile, Phillip und Ron Rosenbaum: The Curious Aftermath of JFK's Best And Brightest Affair, in: «New Times», 9.Juli 1976, S. 25

297 Fay, Paul B: The Pleasure of His Company, New York 1966, S. 240

298 Report of the President's Commission on the Assassination of President John F. Kennedy (Warren Report), Washington, D. C., 1964, S. 294

299 Manchester, William: The Death of a President, London 1967, S. 183

300 Warren Report, op. cit., S. 42

301 Report of the Select Committee on Assassinations, op. cit., S. 176

302 Zitiert in Davis, John H.: The Kennedys, op. cit., S. 469

303 Warren Report, op. cit., S. 48

304 Bericht Dr. Renatus Hartogs, zitiert ebd., S. 380

305 Ebd., S. 391

306 Ebd., S. 394

307 Facts on File (Hg.): Three Assassinations: The Deaths of John and Robert Kennedy and Martin Luther King, New York 1971, S. 22

308 Warren Report, op. cit., S. 354

309 Belin, David: Final Disclosure: The Full Truth About the Assassination of President Kennedy, New York 1988, S. 39

310 «Newsweek», 28. November 1988, S. 33

311 Schlesinger, Arthur M., Jr.: A Thousand Days, op. cit., S. 1026

312 Manchester, William, op. cit., S. 233–236

313 Ebd., S. 567

314 Zitiert in Davis, John H.: The Kennedys, op. cit., S. 468

315 Ebd., S. 478

316 Facts on File (Hg.). Three Assassinations Volume Two, New York 1978, S. 52

317 «New York Times», 20. Oktober 1975

318 Facts on File (Hg.): Three Assassinations Volume Two, op. cit., S. 55

319 The Plot to Kill the President: Organized Crime Assassinated JFK, New York 1981

320 Report of the Select Committee on Assassinations, op. cit., S. 65ff, S. 95ff

321 Vgl. Belin, David, op. cit., S. 198ff

322 «Newsweek», 28. November 1983, S. 36

323 Rede, Yale University, 11.Juni 1962, JFKL

Zeittafel

1917 John Fitzgerald Kennedy wird am 29. Mai in Brookline, Massachussetts, geboren

1926 Umzug der Familie nach New York City

1929 Umzug nach Bronxville, N. Y.; Joseph P. Kennedy kauft das Sommerhaus in Hyannis Port, Massachussetts. 29. Oktober: Börsenkrach in New York; Beginn der Weltwirtschaftskrise

1930 Besuch des katholischen Internats Canterbury

1931 Einschulung im protestantischen Internat Choate in Wallingford, Connecticut

1933 30. Januar: Hitler wird Reichskanzler; 4. März: Inauguration F. D. Roosevelts

1935 Schulabschluß. Im Sommer Reise nach England, um an der London School of Economics zu studieren. Krankheit erzwingt Rückkehr in die USA. Im Herbst Immatrikulation an der Universität Princeton. Krankheit erzwingt Abbruch des Studiums

1936 Immatrikulation an der Universität Harvard

1937 Reise nach Frankreich, Spanien und Italien. Empfang beim Papst. Im Dezember wird Joseph P. Kennedy zum Botschafter der USA in Großbritannien ernannt

1938 Am 29. Mai erhält John F. Kennedy ein Treuhandvermögen von 1 Million Dollar vom Vater

1939 Reise nach Polen, Rußland, Deutschland, Frankreich und in die Türkei. Arbeit in der Londoner Botschaft. Am 3. September erklären Frankreich und Großbritannien Deutschland den Krieg

1940 21. Juni: Studienabschluß «cum laude» im Hauptfach Politische Wissenschaften. Juli: Veröffentlichung der überarbeiteten Abschlußarbeit unter dem Titel *Why England Slept*. Im Herbst Immatrikulation an der Universität Stanford (Kalifornien), um Betriebswirtschaft zu studieren

1941 Februar: Abbruch des Studiums in Stanford. Reise durch Südamerika. Im September Meldung zur Marine. Arbeit beim Abschirmdienst (ONI) in Washington. 7. Dezember: Überfall der Japaner auf Pearl Harbor

1942 Am 14. Januar wird Kennedy nach Charleston, South Carolina, versetzt. Ab Juli Ausbildung für den Dienst zur See

1943 Am 26. März übernimmt Kennedy in Tulagi das Kommando über «PT 109». Am 2. August wird «PT 109» versenkt; die Mannschaft wird am 7. August gerettet. Im Dezember wird Kennedy in die USA zurückversetzt

1944 12. August: Tod des älteren Bruders Joe Jr. 9. September: Tod des Schwagers «Billy» Hartington

1945 April: Beendigung des Militärdienstes. 12. April: Tod F. D. Roosevelts. Juni:

Korrespondent für die Hearst-Gruppe bei der Gründungsversammlung der Vereinten Nationen in San Francisco. 6. und 9. August: Atombombenabwurf auf Hiroshima und Nagasaki. Im Sommer berichtet Kennedy für Hearst über die britischen Parlamentswahlen und die Potsdamer Konferenz. Krankheit erzwingt Rückkehr in die USA

1946 Am 5. November wird John F. Kennedy in den Kongreß gewählt

1947 Am 4. Juni stimmt Kennedy gegen das gewerkschaftsfeindliche Taft-Hartley-Gesetz. Im Sommer Reise nach Irland und England. Nach einem Zusammenbruch in London wird die Addison-Krankheit diagnostiziert

1948 13. Mai: Tod der Schwester Kathleen

1949 25. Januar: Rede im Kongreß gegen Chinapolitik Trumans

1952 4. November: Sieg über Henry Cabot Lodge bei der Wahl zum Senat. Dwight D. Eisenhower wird zum Präsidenten gewählt

1953 Am 12. September heiratet Kennedy Jacqueline Bouvier

1954 Seit dem 21. Oktober ist Kennedy wegen einer Rückenoperation im Krankenhaus. 2. Dezember: Verurteilung Joseph McCarthys durch den Senat. Kennedy gibt seine Stimme nicht ab

1955 Im Februar zweite Rückenoperation. Arbeit an *Zivilcourage*

1956 Kennedy nominiert Adlai Stevenson als Präsidentschaftskandidaten beim Demokratischen Parteitag im August, unterliegt als Kandidat für die Vizepräsidentschaft gegen Estes Kefauver. Anschließend Urlaub an der Riviera. 27. August: Jacqueline erleidet eine Fehlgeburt

1957 27. November: Geburt der Tochter Caroline

1958 4. November: Wiederwahl zum Senat

1960 Am 2. Januar gibt Kennedy seine Kandidatur für das Amt des Präsidenten bekannt. 10. Mai: Entscheidender Sieg gegen Hubert Humphrey in der Vorwahl von West Virginia. Am 13. Juli wird Kennedy in Los Angeles von der Demokratischen Partei zum Präsidentschaftskandidaten nominiert. 12. September: Rede in Houston vor protestantischen Geistlichen. 26. September: Erste Fernsehdebatte mit Richard Nixon. Am 8. November wird John F. Kennedy zum 35. Präsidenten der USA gewählt. 25. November: Geburt des Sohnes John F. Kennedy, Jr.

1961 20. Januar: Amtseinführung. 1. März: Schaffung des Friedenskorps. 13. März: Kennedy verkündet *Allianz für den Fortschritt*. 28. März: Ankündigung des Rüstungsprogramms. 12. April: Juri Gagarin (UdSSR) ist der erste Mensch im Weltall. 17. April: Invasion in der Schweinebucht (Kuba). Mai: Beginn der «Freiheitsfahrten» schwarzer und weißer Bürgerrechtsaktivisten. 5. Mai: Alan Shepard fliegt als erster Amerikaner in den Weltraum. Kennedy unterzeichnet das Gesetz zur Anhebung des Mindestlohns um 25 Prozent. 16. – 18. Mai: Staatsbesuch in Kanada. 25. Mai: Kennedy setzt dem US-Raumfahrtprogramm das Ziel, innerhalb eines Jahrzehnts einen Menschen auf den Mond zu bringen. 31. Mai: Kennedy fliegt mit Jacqueline zu Gesprächen mit Charles de Gaulle nach Paris, trifft am 3. und 4. Juni Nikita Chruschtschow in Wien, konferiert am 4. und 5. Juni mit Harold MacMillan in London. 25. Juli: Fernsehansprache wegen der Berlin-Krise. 13. August: Errichtung der Mauer in Berlin. 20. August: Zusätzliche amerikanische Truppen werden über die Autobahn nach Berlin geschickt. 20. September: Einrichtung einer eigenen Behörde für Entwicklungshilfe (AID). 26. September: Schaffung einer eigenständigen Behörde für Abrüstungsfragen. 15.–17. Dezember: Staatsbesuch mit Jacqueline in Puerto Rico, Venezuela und Kolumbien

1962 11. Januar: Kennedy verlangt vom Kongreß Vollmachten, um Einfuhrzölle und Einkommenssteuer zu senken. 3. Februar: Handelsembargo gegen Kuba. 8. Februar: Einrichtung eines US-Militärkommandos in Südvietnam. 12.–26. März: Jacqueline besucht Indien und Pakistan. 11. April: Kennedy greift die Stahlfirma US Steel öffentlich an, die entgegen Abmachungen mit Regierung und Gewerkschaften ihre Preise erhöht hat. 13. April: US Steel nimmt Preiserhöhungen zurück. 29. Juni–1. Juli: Staatsbesuch mit Jacqueline in Mexiko. Triumphaler Empfang in Mexico City. 30. September/1. Oktober: Rassenunruhen in Oxford, Mississippi. Kennedy muß Truppen schicken, um die Ordnung wiederherzustellen. 11. Oktober: Trade Expansion Act gibt dem Präsidenten weitgehende Vollmachten zur Reduzierung oder Abschaffung von Importzöllen. 16.–28. Oktober: «Raketenkrise» (2. Kuba-Krise). 20. November: Blockade Kubas wird aufgehoben. Kennedy erläßt eine Präsidentenorder, die Rassendiskriminierung im sozialen Wohnungsbau verhindern soll. 29. Dezember: In Miami empfängt Kennedy die Überlebenden der «Brigade 2506», die aus kubanischer Gefangenschaft freigekauft worden sind.

1963 14. Januar: In seinem letzten Bericht zur Lage der Nation verlangt Kennedy Steuersenkung und -reform. Am 28. Februar leitet Kennedy dem Kongreß den Entwurf eines Bürgerrechtsgesetzes zu, das vor allem das Wahlrecht für Schwarze sichern soll, am 22. März mahnt er den Kongreß zur Eile bei der Verabschiedung des 24. Verfassungszusatzes (Verbot der Wahlsteuer). 12. Mai: Nach Rassenunruhen schickt Kennedy Bundestruppen nach Birmingham, Alabama. 10. Juni: Rede an der American University betont Notwendigkeit der Entspannung. 11. Juni: Fernsehansprache an das amerikanische Volk zur Bürgerrechtsfrage. 19. Juni: Kennedy leitet dem Kongreß ein umfassendes Bürgerrechtsgesetz zu. 20. Juni: Abkommen über Einrichtung eines «heißen Drahts» zwischen Moskau und Washington. 23. Juni–2. Juli: Reise nach Deutschland, Irland, Großbritannien und Italien. 26. Juni: Reden vor dem Schöneberger Rathaus und an der Freien Universität Berlin. 8. Juli: Finanzembargo gegen Kuba verhängt. 25. Juli: Der Atomteststoppvertrag wird von den Vereinigten Staaten, Großbritannien und der Sowjetunion in Moskau unterzeichnet. 7. August: Geburt des Sohnes Patrick. Er stirbt am 9. August. 28. August: «Marsch auf Washington»: 200000 Bürgerrechtler versammeln sich in der Hauptstadt. Martin Luther King: «Ich habe einen Traum.» Kennedy empfängt die Anführer im Weißen Haus. 24.–28. September: Besuch in elf Staaten im Westen der USA, um für verstärkte Umweltschutzmaßnahmen zu werben. 9. Oktober: Kennedy kündigt Verhandlungen über Weizenverkauf an die UdSSR an. 1. November: Militärputsch in Südvietnam. Ngo Dinh Diem und sein Bruder werden ermordet. 21. November: Kennedy beauftragt seine Berater, ein Programm zum «Krieg gegen die Armut» vorzubereiten. 22. November: Kennedy wird in Dallas, Texas, erschossen. Lyndon B. Johnson wird 36. Präsident der Vereinigten Staaten. 24. November: Lee Harvey Oswald, der mutmaßliche Mörder Kennedys, wird in Polizeigewahrsam von Jack Ruby erschossen. 25. November: Staatsbegräbnis für John F. Kennedy auf dem Heldenfriedhof von Arlington

Zeugnisse

Es war, als ob die Zukunft starb... Es ist nicht so, als ob es da keine Irrtümer gab. Er litt unter der Geisteskrankheit des Antikommunismus wie wir alle. Ich glaube, die Frauenbewegung war eine Sache, die Kennedy weder erwartete noch verstand. Aber für mich und, wie ich glaube, für viele Menschen meines Alters war es das einzige Mal, daß wir eine Verbindung zur Regierung spürten. Für Schriftsteller war es das einzige Mal, daß wir das Gefühl hatten, etwas, das wir geschrieben hatten, könnte im Weißen Haus gelesen werden. Es war das letzte Mal in meinem Leben, daß die Ansichten der Mehrheit in diesem Land etwas mit der Regierung zu tun hatten. Seitdem habe ich nie wieder das Gefühl gehabt, die Regierung gehöre mir.

Gloria Steinem, Schriftstellerin (1983)

Was mich wirklich überraschte, waren seine Reden. Er schrieb sie selbst. Er sah so desinteressiert aus, unbeteiligt, ein Kerl, dem alles gleichgültig war, aber dann hieß es: «Mary, komm rein», und dann fing er an, aus dem Kopf zu diktieren. Der Sprachfluß, die Beherrschung der englischen Sprache war außergewöhnlich. Es kam alles genau so heraus, wie er es sagen wollte – wunderschön. Und ich dachte mir dann: «Das kommt von *Ihnen?*» Es überraschte mich selbst, aber ich kam zu dem Ergebnis, daß er brillant war – die intelligenteste Person, die ich je kennengelernt habe.

Mary Davis, Sekretärin (1965)

Historisch gesehen war er ein Torhüter. Er entriegelte das Tor, und durch das Tor marschierten nicht nur Katholiken, sondern Schwarze und Juden, ethnische Minderheiten, Frauen, die Jugend, Akademiker, Zeitungsleute und eine neue Sorte junger Politiker, die sich nicht als Politiker betrachteten – und alle verlangten, am Geschehen und an der Macht teilzuhaben, was man jetzt Mitbestimmung nennt.

Theodore White, Journalist (1978)

...ein Mensch, der weiß, was Zivilcourage ist, der sie bewundert, dem aber die Unabhängigkeit fehlt, sie auch zu besitzen.

Eleanor Roosevelt, Politikerin (1959)

Johnson ist ein mittelmäßiger Bandit, während Kennedy ein intelligenter Bandit war.

Fidel Castro, Politiker (1965)

Stets werde ich des verstorbenen Präsidenten mit tiefer Hochachtung gedenken, denn letztlich erwies er sich als nüchterner Kopf und war entschlossen, einen Krieg zu vermeiden. Er ließ sich nicht einschüchtern, aber er wurde auch nicht leichtsinnig. Er überschätzte die Macht Amerikas nicht und hielt sich einen Weg aus der Krise offen. Er legte echte Weisheit und eine staatsmännische Haltung an den Tag.

Nikita Chruschtschow, Politiker (1970)

Die Tatsache allein, daß da die Jugend in die amerikanische Hauptstadt einzog und das Heft in die Hand nahm, genügte... noch nicht, den Beginn einer neuen Ära zu markieren. Dazu gehörte die feste Entschlossenheit des Präsidenten und seiner Mitarbeiter, die Demokratie aus der Defensive herauszuführen in eine Offensive...

Willy Brandt, Politiker (1964)

Als ich [1968] die Außenpolitik Amerikas in den sechziger Jahren überdachte, kam ich zum Ergebnis, daß sie unter Kennedy Geisel des Kalten Krieges, unter Johnson Geisel des Vietnam-Kriegs gewesen war.

Richard Nixon, Politiker (1978)

Daß die Sowjetunion den angekündigten Plan einer «Freien entmilitarisierten Stadt West-Berlin» als einer besonderen politischen Einheit fallenließ, war der Festigkeit der Westmächte zu verdanken, besonders der für Moskau eindeutigen Entschlossenheit Kennedys, notfalls um der Freiheit West-Berlins willen auch Krieg zu führen.

Helmut Schmidt, Politiker (1969)

Seine Haltung war, daß er bedient werden sollte. Dies hatte zum Teil mit seinem Rückenproblem zu tun und zum Teil damit, daß er meiner Meinung nach von Frauen verwöhnt worden war.

Judith Campbell Exner, Playgirl (1977)

...schwach und bleich, ein spindeldürrer Mann mit einem schlechten Rücken, ein schwacher und unentschiedener Politiker, ein netter Mann, ein sanfter Mann, aber kein Mann für Männer.

Lyndon B. Johnson, Politiker (1960)

Präsident Kennedy neigte nicht zu sentimentalen Gefühlsausbrüchen. Er hatte aber ein tiefes Verständnis der Dynamik und der Notwendigkeit gesellschaftlicher Veränderungen... Seine letzte Rede über die Beziehungen zwischen den Rassen war der ernsthafteste, menschlichste, tiefste Aufruf zu Verständnis und Gerechtigkeit, den je ein Präsident seit den Gründungstagen der Republik getan hat... Als er starb, war er dabei, sich aus einem zaghaften Führer mit unklarer Zielsetzung in eine starke Gestalt zu verwandeln, deren Ziele eine gewaltige Anziehungskraft besaßen.

Martin Luther King, Prediger (1965)

Ich nahm alles wörtlich; ich dachte, es geht darum, die Armut in den Vereinigten Staaten zu beenden. Ich denke jetzt nicht mehr so wie vor zwanzig Jahren. Aber ich glaube immer noch, daß es getan werden kann, und ich glaube, Kennedy hatte diese Inspiration: Wenn Amerikaner etwas erreichen wollen, dann können wir das auch. Und bis heute, wenn ich bei spanisch sprechenden Menschen zu Besuch bin, sehe ich ein Bild Kennedys... in ihrem Wohnzimmer.

Hector de la Rosa, Sozialarbeiter (1983)

...eine bemerkenswerte Verbindung aus Ungezwungenheit und Würde, Lässigkeit und Majestät... Erst als es vorbei war, erkannten wir, wie anders das Leben war mit Kennedy im Weißen Haus.

Leonard Bernstein, Komponist und Dirigent (1965)

Bibliographie

Obwohl John F. Kennedy nur 1036 Tage im Amt war, existiert eine vergleichbar zahlreiche Literatur nur über die Präsidenten Abraham Lincoln und Franklin D. Roosevelt. Allein die Bibliographie zur Ermordung Kennedys von Guth/Wrone listet auf 442 Seiten 5134 Quellen auf. Die vorliegende Auswahlbibliographie verzeichnet vor allem Werke und Quellen, die dem Autor bei der Arbeit hilfreich waren; neuere Veröffentlichungen, die Wichtiges zum Verständnis Kennedys beitragen, sind mit jeder neuen Auflage aufgenommen worden.

1. John F. Kennedy Library

Die John F. Kennedy Library, Columbia Point, Boston, Massachusetts 92125, Tel. (617)929-4500, verwaltet die persönlichen Papiere John F. Kennedys und der Kennedy-Familie und die politischen Papiere John F. Kennedys und seiner Mitarbeiter. Zur Sammlung der JFKL gehören eine vollständige Sammlung aller gedruckten Werke John F. Kennedys, Monographien, Aufsatzsammlungen, Zeitschriften- und Zeitungsartikel, die sich mit der Kennedy-Administration und der Kennedy-Ära im weitesten Sinn beschäftigen, sowie über 1100 Oral History Interviews auf Tonband, von denen zur Zeit etwa 700 öffentlich zugänglich sind. Auf Antrag erstellt das Personal der Bibliothek Fotokopien von Dokumenten, einschließlich Transkripte der Oral History Interviews. Einen Überblick über den aktuellen Bestand, eventuelle Zugangsbeschränkungen, Benutzerordnung, Ausleih- bzw. Kopierbedingungen gibt die Broschüre Historical Materials in the John F. Kennedy Library, Boston 1986, die auf Wunsch zugesandt wird.

2. Hilfsmittel, Bibliographien, Ikonographien

a) Hilfsmittel

MEAGHER, SYLVIA: Subject Index to the Warren Report. New York 1966

STONE, RALPH A. (Hg.): John F. Kennedy (1917–1963): Chronology – Documents – Bibliographical Aids. O. O. 1971

TOSCANO, VINCENT L.: Since Dallas: Images of John F. Kennedy in Popular and Scholarly Literature 1963–1973. San Francisco 1978

b) Bibliographien

CROWN, JAMES TRACEY: The Kennedy Literature: A Bibliographical Essay on John F. Kennedy. New York 1968

GUTH, DELLOYD J. und DAVID R. WRONE: The Assassination of John F. Kennedy: A Comprehensive Historical and Legal Bibliography, 1963–1979. Westport, Conn. 1980

Institut für internationale Beziehungen der Deutschen Akademie für Staats- und Rechtswissenschaft: Spezialbibliographie zur Politik der Kennedy-Regierung. Potsdam/Babelsberg 1965

Library of Congress, Bibliography and Reference Correspondence Section: John F. Kennedy, 1917–1963: A Chronological List of References. Washington D. C. 1964

NEWCOMB, JOAN I.: John F. Kennedy: An Annotated Bibliography. Metuchen, N. J. 1977

RYAN, DOROTHY, und LOUIS J. (Hg.): The Kennedy Family of Massachusetts: A Biblio-
graphy. Metuchen, N. J. 1969
SABLE, MARTIN H.: A Bio-Bibliography of the Kennedy Family. New York 1969
WRONE, DAVID R.: The Assassination of John Fitzgerald Kennedy – An Annotated
Bibliography. Madison, Wisc. 1973

c) Ikonographie

BERGQUIST, LAURA, und STANLEY TRETICK: A Very Special President. New York 1965
Berliner Illustrirte (Sondernummer): Kennedy in Deutschland. Berlin 1963
BURDA, FRANZ (Hg.): John F. Kennedy. Ein Gedenkband. Offenburg 1964
GRODEN, ROBERT J.: The Killing of a President: The Complete Photographic Record of
the JFK Assassination, the Conspiracy and the Cover-up. New York 1993.
KUNHARDT, PHILIP B., JR. (Hg.): Life in Camelot: The Kennedy Years. Boston 1988
Life (Magazine), Editors of (Hg.): Kennedy and His Family in Pictures. New York 1963
LOWE, JACQUES: Kennedy – Ein Lebenslauf. Photographien 1917–1963. München 1983
MEYERS, JOAN (Hg.): John Fitzgerald Kennedy As We Remember Him. New York 1965
SAUNDERS, DORIS (Hg.): The Kennedy Years and the Negro: A Photographic Record.
Chicago 1965
SHAW, MARK: The John F. Kennedys: A Family Album. New York 1964
STOUGHTON, CECIL mit CHESTER V. CLIFTON und HUGH SIDEY: The Memories – JFK
1961–1963. New York 1973
United Press International und Chase Studios: John F. Kennedy: From Childhood to
Martyrdom. Washington D. C. 1963

3. John F. Kennedy: Werke

(chronologisch; journalistische Arbeiten sowie Reden, die nicht in Sammlungen aufge-
nommen wurden, sind nicht berücksichtigt)
Why England Slept. New York 1940
My Brother Joe, in: KENNEDY, JOHN F.: As We Remember Joe, Privatdruck. Cam-
bridge, Mass. 1945, S. 1–5
Profiles in Courage. New York 1956. – Dt.: Zivilcourage. Wien 1960
The Strategy of Peace. New York 1960. – Dt.: Der Weg zum Frieden. München 1964
To Turn the Tide: A Selection from President Kennedy's Public Statements. New York
1962. – Dt.: Dämme gegen die Flut. Berlin 1962
Public Papers of the Presidents of the United States: John F. Kennedy. 3 Bde. (1961,
1962, 1963). Washington D. C. 1962, 1963, 1964
The Burden and the Glory: the Hopes and Purposes of President Kennedy's Second and
Third Years in Office. New York 1964. – Dt.: Glanz und Bürde. Düsseldorf 1964
A Nation of Immigrants (Erstdruck 1958 als Broschüre der B'nai B'rith). New York
1964. – Dt.: Die Nation der vielen Völker. Düsseldorf 1965
John Fitzgerald Kennedy: A Compendium of Speeches, Statements and Remarks Delivered During His Service in the Congress of the United States. Washington D. C.
1964

4. Anekdoten- und Zitatensammlungen u. Ä.

ADLER, BILL (Hg.): The Complete Kennedy Wit. New York 1966. – Dt.: Lachen mit
Kennedy. Berlin 1967
BRADLEE, BENJAMIN C.: Conversations with Kennedy. New York 1975
CHASE, HAROLD W., und ALLEN H. LERMAN (Hg.): Kennedy and the Press: The News
Conferences. New York 1965
GALLOWAY, JOHN (Hg.): The Kennedys and Vietnam. New York 1971
JOHNSON, GEORGE W. (Hg.): The Kennedy Presidential Press Conferences. London
1978

Kraus, Sidney (Hg.): The Great Debates; Background – Perspective – Effects. Bloomington, Ind. 1960

5. Monographien

Abel, Elie: The Missile Crisis. Philadelphia 1966. – Dt.: 13 Tage vor dem 3. Weltkrieg. Wien 1966

Allison, Graham T.: Essence of Decision: Explaining the Cuban Missile Crisis. Boston 1971

Blair, Joan, und Clay, Jr.: The Search for JFK. New York 1976

Borch, Herbert von: John F. Kennedy – Amerikas unerfüllte Hoffnung. München 1988

Brandt, Willy: Begegnungen mit Kennedy. München 1964

Brauer, Carl M.: John F. Kennedy and the Second Reconstruction. New York 1977

Brown, Thomas: JFK: History of an Image. Bloomington, Ind. 1988

Burner, David: John F. Kennedy and a New Generation. Boston 1988. – Dt.: John F. Kennedy. Der Traum von einer besseren Welt. München 1992

Burns, James Macgregor: John Kennedy: A Political Profile. New York 1960

Catudal, Honore M.: Kennedy in der Mauer-Krise. Eine Fallstudie zur Entscheidungsfindung in den USA. Berlin 1981

Clinch, Nancy Gager: The Kennedy Neurosis: A Psychological Portrait of an American Dynasty. New York 1973

Collier, Peter, und David Horowitz: The Kennedys: An American Drama. New York 1984. – Dt.: Die Kennedys: Ein amerikanisches Drama. Berlin 1985

Davis, John H.: The Kennedys: Dynasty and Disaster. New York 1984. – Dt.: Siegen! Siegen um jeden Preis: Die Kennedy-Dynastie – ihre wahre Geschichte. Zürich 1987

Donovan, Robert J.: PT 109: John F. Kennedy in World War II. New York 1961. – Dt.: Kennedy auf PT 109. München 1962

Exner, Judith (Campbell) mit Ovid Demaris: My Story. New York 1977

Fairlie, Henry: The Kennedy Promise: the Politics of Expectation. Garden City, N. Y. 1973

Fink, Mathias: Nationales Interesse und Entwicklungshilfe: John F. Kennedys «Alliance for Progress». München 1978

Fuchs, Lawrence H.: John F. Kennedy and American Catholicism. New York 1967

Gerlach, Heribert: Die Berlinpolitik der Kennedy-Administration. Eine Fallstudie zum außenpolitischen Verhalten der Kennedy-Regierung in der Berlin-Krise 1961 (Dissertation). Freiburg 1976

Golden, Harry: Mr. Kennedy and the Negroes. Cleveland 1964.

Goodwin, Doris Kearns: The Fitzgeralds and the Kennedys: An American Saga. New York 1987

Gromyko, Anatolii A.: Die 1036 Tage des Präsidenten Kennedy. Berlin 1970

Guthman, Edwin O., und Jeffrey Schulman (Hg.): Robert Kennedy in His Own Words: The Unpublished Recollections of the Kennedy Years. New York 1988 (Transkript der Oral History Interview mit RFK in der JFKL)

Halberstam, David: The Best and the Brightest. New York 1969. – Dt.: Die Elite. Reinbek 1974

Halberstam, David: The Making of a Quagmire: America and Vietnam During the Kennedy Era. Revised Ed., New York 1988

Hamilton, Nigel: JFK, Reckless Youth. New York 1992. – Dt.: John F. Kennedy. Wilde Jugend. Frankfurt a. M. 1993.

Harpprecht, Klaus: Die Kennedy-Jahre oder: Das große Versprechen. Die ungekürzten Interviews einer Sendereihe des ZDF. O. O. u. J. (1973)

Heath, James: The Kennedy Administration and the Business Community. Chicago 1969

Hilsman, Roger: To Move a Nation: the Politics of Foreign Policy in the Administration of John F. Kennedy. New York 1967

Kennedy, Robert F.: Thirteen Days: The Cuban Missile Crisis. Philadelphia, 1969. – Dt.: Dreizehn Tage. Bern 1969

Kennedy, Rose: Times to Remember. Garden City, N. Y. 1974. – Dt.: Alles hat seine Stunde: Meine Lebenserinnerungen. Frankfurt 1974

Lasky, Victor: JFK: The Man and the Myth. New York 1963, Neuausgabe 1966

Lincoln, Evelyn: Kennedy and Johnson. New York 1968

Lincoln, Evelyn: My Twelve Years with John F. Kennedy. New York 1965. – Dt.: Zwölf Jahre mit John F. Kennedy. Frankfurt 1966

Lord, Donald C.: John F. Kennedy: The Politics of Confrontation and Conciliation. Woodbury, N. Y. 1977

Mailer, Norman: The Presidential Papers. New York 1964

Medland, William J.: The Cuban Missile Crisis of 1962: Needless or Necessary? New York 1988

Miroff, Bruce: Pragmatic Illusions: The Presidential Politics of John F. Kennedy. New York 1976

O'Donnell, Kenneth P., und David I. Powers mit Joe McCarthy: «Johnny, We Hardly Knew Ye»: Memories of John Fitzgerald Kennedy. Boston 1972

Paper, Lewis J.: The Promise and the Performance: The Leadership of John F. Kennedy. New York 1975

Parmet, Herbert C.: Jack: The Struggles of John F. Kennedy. New York 1980

Parmet, Herbert C.: JFK: The Presidency of John F. Kennedy. New York 1983

Reeves, Richard: President Kennedy: Profile of Power. New York 1993.

Reeves, Thomas C.: A Question of Character. A Life of John F. Kennedy. New York 1991. – Dt.: John F. Kennedy: Die Entzauberung eines Mythos. Hamburg 1992

Rust, William (und U. S. News Book Editors): Kennedy and Vietnam: American Vietnam Policy, 1960–1963. New York 1985

Salinger, Pierre: With Kennedy. Garden City, N. Y. 1966. – Dt.: Mit John F. Kennedy. Düsseldorf 1967

Schlesinger, Arthur M., Jr.: A Thousand Days: John F. Kennedy in the White House. Boston 1965. – Dt.: Die tausend Tage Kennedys. Bern 1966

Schlesinger, Arthur M., Jr.: Robert Kennedy and His Times. Boston 1978

Schlette, Heinz R., und Ingo Hermann: Revolution der Vernunft: Die Philosophie des Politischen bei John F. Kennedy. München 1966

Schwelien, Joachim: John F. Kennedy. Hamburg 1976

Sciacca, Tony: Kennedy and His Women. New York 1976

Seymour, Harris: Economics of the Kennedy Years, and a Look Ahead. New York 1964

Sheehan, Neil (New York Times) (Hg.): The Pentagon Papers. New York 1971. – Dt.: Die Pentagon-Papiere. München 1971

Slusser, Robert M.: The Berlin Crisis of 1961: Soviet-American Relations and the Struggle for Power in the Kremlin, June-November 1961. Baltimore 1973

Smith, R. B.: An International History of the Vienam War – (Bd. 2:) The Kennedy Strategy. New York 1985

Sorensen, Theodore C.: Kennedy. New York 1965. – Dt.: Kennedy. München 1966

Stützle, Walter: Kennedy und Adenauer in der Berlin-Krise 1961–1962. Bonn/Bad Godesberg 1973

Walton, Richard J.: Cold War and Counterrevolution: The Foreign Policy of John F. Kennedy. Baltimore 1972

Whalen, Richard J.: The Founding Father. New York 1964. – Dt.: Der Kennedy-Clan. Düsseldorf 1965

White, Theodore: The Making of the President, 1960. New York 1961. – Dt.: Der Präsident wird gemacht. Köln 1963

Wicker, Tom: Kennedy Without Tears: the Man Beneath the Myth. New York 1964

Wicker, Tom: JFK und LBJ. New York 1968

Wills, Garry: The Kennedy Imprisonment: A Meditation on Power. Boston 1982

WOFFORD, HARRIS: Of Kennedys and Kings: Making Sense of the Sixties. New York 1980

ZOELLER, WALTER: Die Rolle von Präsident Kennedy bei der Formulierung der amerikanischen Indochinapolitik (Dissertation). München 1973

6. Aufsätze, Einzelbeiträge

a) Sammlungen

DONALD, AIDA DIPACE (Hg.): John F. Kennedy and the New Frontier. New York 1966

HARPER, PAUL, und JOANN P. KRIEG (Hg.): John F. Kennedy: The Promise Revisited. Westport, Conn. 1988

IONS, EDMUND S. (Hg.): The Politics of John F. Kennedy. New York 1967

LATHAM, EARL (Hg.): J. F. Kennedy and Presidential Power. Lexington, Mass. 1972

PATERSON, THOMAS G. (Hg.): Kennedy's Quest for Victory: American Foreign Policy 1961–1963. New York 1989

SNYDER, J. RICHARD (Hg.): John F. Kennedy: Person, Policy, Presidency. Wilmington, Del. 1988

THOMPSON, KENNETH W. (Hg.): The Kennedy Presidency. Lanham 1985

b) Einzelbeiträge

BRAUER, CARL F.: John F. Kennedy, in: GRAF, H. F. (Hg.): The Presidents. New York 1984, S. 573 ff.

DECTOR, MIDGE: Kennedyism, in: Commentary, XLIX (Januar 1970), S. 19–27

ECKHARDT, WILLIAM, und RALPH K. WHITE: A Test of the Mirror-Image Hypothesis: Kennedy and Khrushchev, in: Journal of Conflict Resolution, XI (September 1967), S. 325–32

KING, MARTIN LUTHER: John F. Kennedy. Rede bei der Gedenkfeier für John F. Kennedy anläßlich der Eröffnung der Berliner Festwochen 1964, hg. vom USIS. Wien 1964

KROCK, ARTHUR: Mr Kennedy's Management of the News, in: Fortune, März 1963, S. 82 ff.

PROWE, DIETHELM: Der Brief Kennedys an Brandt vom 18. August 1961. Eine zentrale Quelle zur Berliner Mauer und der Entstehung der Brandtschen Ostpolitik, in: Vierteljahreshefte für Zeitgeschichte, 33(2) 1985, S. 373–383

SCHLESINGER, ARTHUR M., JR.: Kennedy, John Fitzgerald, in: Dictionary of American Biography, Supplement VII, New York 1981, S. 418 ff.

WOLIN, HOWARD E.: Grandiosity and Violence in the Kennedy Family, in: Psychohistory Review, 8(3) 1979, S. 27–37

7. Literatur zum Attentat von Dallas

a) Offizielle Untersuchungsberichte (chronologisch)

1. Report of the President's Commission on the Assassination of President Kennedy («Warren Report»). Washington D. C. 1964. – Dt.: Der Warren-Bericht. Gütersloh 1964

1a. Hearings before the President's Commission on the Assassination of President Kennedy. 26 Bde. Washington D. C. 1964

2. Report to the President by the Commission on CIA Activities within the United States, Nelson A. Rockefeller, Chairman. Washington D. C. 1975

3. Alleged Assassination Plots Involving Foreign Leaders: An Interim Report of the Select Committee to Study Governmental Operations with Respect to Intelligence Activities, United States Senate. Together with Additional, Supplemental and Separate Views, November 20, 1975 (Bericht des «Church-Komitees»). Washington D. C. 1975

4. Select Committee to Study Governmental Operations with Respect to Intelligence Activities, United States Senate: The Investigation of the Assassination of President John F. Kennedy: Performance of the Intelligence Agencies. Final Report, Book V («Schweiker-Bericht»). Washington D. C. 1976
5. Report of the Select Committee on Assassinations, U.S. House of Representatives, 95th Congress, 2nd Session. Findings and Recommendations (Bericht des «Stokes-Komitees»). Washington D. C. 1979
5a. Hearings before the Select Committee on Assassinations (...). 5 Bde. Washington D. C. 1979
6. Report of the Committee on Ballistic Acoustics. Washington D. C. 1982

b) Monographien (Auswahl)

BELIN, DAVID W.: Final Disclosure: The Full Truth About the Assassination of John F. Kennedy. New York 1988

CALLAHAN, BOB: Who Shot JFK? A Guide to the Major Conspiracy Theories. New York 1993

DAVID, JAY (= BILL ADLER) (Hg.): The Weight of the Evidence: The Warren Report and its Critics. New York 1968

EPSTEIN, EDWARD J.: Inquest: The Warren Report and the Establishment of Truth. New York 1966 – Dt.: Im Kreuzverhör: Der Warren-Bericht über den Mord an Präsident Kennedy. Frankfurt a. M. 1966

GARRISON, JIM: On the Trail of the Assassins. New York 1991. – Dt.: Wer erschoß J. F. Kennedy? Bergisch Gladbach 1992

HURT, HENRY: Reasonable Doubt: An Investigation into the Assassination of John F. Kennedy. New York 1985

JOESTEN, JOACHIM: Oswald: Assassin or Fall Guy? New York 1964

KURTZ, MICHAEL L.: Crime of the Century: The Kennedy Assassination from a Historian's Perspective. Knoxville, Tenn. 1982

LANE, MARK: Rush to Judgement. New York 1966 – Dt.: Mark Lane klagt an. Wien 1967

LEWIS, RICHARD W.: The Scavengers and Critics of the Warren Report: The Endless Paradox. New York 1967

MANCHESTER, WILLIAM: The Death of a President: November 20–25, 1963. New York 1967 – Dt.: Der Tod des Präsidenten. Frankfurt a. M. 1967

MEAGHER, SYLVIA: Accessories After the Fact: The Warren Commission, the Authorities, and the Report. Indianapolis 1967

MOSS, ARMAND: Disinformation, Misinformation, and the «Conspiracy» to Kill JFK Exposed. Hamden, Conn. 1987

POSNER, GERALD L.: Case Closed: Lee Harvey Oswald and the Assassination of JFK. New York 1993

SCHEIM, DAVID E.: Contract on America: The Mafia Murder of John F. Kennedy. New York 1988 – Dt.: Präsidentenmord: Mafia-Opfer John F. Kennedy. München 1991

SPARROW, JOHN: After the Assassination: a Positive Appraisal of the Warren Report. New York 1968

Namenregister

Die kursiv gesetzten Zahlen bezeichnen die Abbildungen

Adenauer, Konrad 100f, *103*
Alsop, Joseph 43
Armstrong, Neil 111
Arvad, Inga 30, 124
Astor, Nancy Witcher Lady 24
Auchinloss, Hugh 48
Auden, Wystan Hughes 70

Baldwin, Stanley, Earl Baldwin of Bewdley 28
Barber, Samuel 70
Barnett, Ross 115
Batista y Zaldívar, Fulgencio 84, 88
Bernstein, Leonard 121
Billings, LeMoyne 19, 21, *19*
Billingslea, Charles 116
Bismarck, Otto, Fürst 100
Bissell, Richard 87
Biuku 33
Blair, Clay 19
Blair, Joan 18
Blakey, Robert 138
Bolívar, Simón 84
Bouvier, Jacqueline Lee s. u. Jacqueline Kennedy
Bouvier, Janet 48
Bouvier III, John Vernou 48
Bradlee, Ben 125
Brandt, Willy 100f, *103*
Brecht, Bertolt 51
Buchan, John 109
Budenz, Louis 41
Bulkely, Robert 33
Bundy, McGeorge 95
Burns, James MacGregor 51, 55f

Campbell, Judith 123f, 137, *123*
Capone, Alphonse 124
Carter, James Earl 50
Casals, Pablo 121
Castro, Fidel 77, 82, 84f, 87f, 130, 136, 137, *85*

Cavendish, William, Marquess of Hartington 24, 26
Chamberlain, Arthur Neville 26, 27f
Chang, Susy 123
Chaplin, Sir Charles Spencer 51
Checker, Chubby 121
Christoffel, Harold 41
Chruschtschow, Nikita S. 66, 73f, 82, 101f, 104f, *106*
Churchill, Sir Winston Spencer 26, 28f, 36, 47, 108
Cohn, Roy 52
Coleman, James 61
Connally, John 127, 135, *127*
Connally, Nellie 127
Connor, Eugene Bull 116
Cubela, Rolando 88f
Curry, Jesse 132f
Cushing, Richard, Kardinal 48

Davis Jr., Sammy 70
Dewey, John 82
Dickinson, Angie 123
Dirksen, Herbert von 11
Douglas, Helen Gahager 40
Dulles, Allan Welsh 87, 109
Dulles, John Foster 72, 75f, 78, 80, 92, 95
Duong Van Minh 96
Dutschke, Rudi 110
Dylan, Bob 110

Eisenhower, Dwight David 46, 52, 57f, 61, 64, 66, 70f, 84, 90, 110, 112, 115, 120, *58*, *71*
Elizabeth II., Königin von Großbritannien und Nordirland *120*

Ellsberg, Daniel 62
English, Charles 124
Eroni 33
Evans, Arthur 33, 34
Evers, Medgar 119

Fairbank, John 41
Falkland, Lord 109
Fay, Red 7
FitzGerald, Desmond 88
Fitzgerald, John Francis 13f, 37, 45, *12*
Fitzgerald, Rosanna 13
Fitzgerald, Thomas 9, 13
Flanders, Ralph 52
Fleming, Rhonda 123
Ford, Gerald 137
Forrestal, James 36
Franco y Bahamonde, Francisco 26
Frost, Robert 71, 80

Gable, Clark 48
Galbraith, John Kenneth 62, 64
Gandhi, Mohandas Karamchand, Mahatma 112
Garrison, Jim 137
Giancana, Sam 88, 124, 137
Glenn, John *83*
Goebbels, Joseph 30
Goldwater, Barry Morris 119
Göring, Hermann 30
Greenblatt, Robert 110
Guevara, Ernesto Che 77f, 110

Halberstam, David 78, 121
Harris, Charles 33
Harris, Seymour 62
Hart, Gary 122
Hartington, William 44
Hearst, William Randolph 23, 35f
Heinrich VIII., König von England und Irland 63

Hemingway, Ernest 70
Hersey, John 34
Hiss, Alger 42
Hitler, Adolf 25f, 29f, 41, 73
Ho Tschi Minh 77, 91f, *91*
Hoffa, James 126f
Hoover, J. Edgar 30, 109, 113, 124, 133
Huber, Oscar 128
Humphrey, Hubert Horatio 57, 61, 63

Isacson, Leo 41

Jacobsohn, Max 124
James, William 82
Jefferson, Thomas 39, 70, 121
John, George St. 21, 35
Johnson, Claudia (Lady Bird) 128
Johnson, Lyndon Baines 40, 43, 58, 60, 63f, 69, 91, 95, 98, 110, 114f, 126, 128, 134, *71*, *129*

Keeler, Christine 123
Kefauver, Estes 58
Kennedy, Bridget Murphy 9, 12
Kennedy, Caroline 59, 121, *122*
Kennedy, Edward 19, 95, *24/25*, *68/69*
Kennedy, Ethel *68/69*
Kennedy, Eunice s. u. Eunice Shriver
Kennedy, Jacqueline 47, 59, 69, 86, 120f, 125, 126f, 134f, *49*, *60*, *65*, *68/69*, *120*, *127*, *129*
Kennedy, Jean s. u. Jean Smith
Kennedy, Joan *68/69*
Kennedy jr., John 69, 121, *122*
Kennedy jr., Joseph 7f, 13, 15f, 21, 26f, 29f., 34, 36, 44, 58, 59, *16*, *17*, *24/25*
Kennedy, Joseph Patrick 7f, 11, 13, 15, 17f, 21f, 25f, 29f, 34, 35f, 44f, 48, 55, 57, 59, 62, 68f, 88f, 98, *23*, *24/25*, *68/69*
Kennedy, Kathleen 24, 26, 44, *24/25*
Kennedy, Patricia s. u. Patricia Lawford
Kennedy, Patrick 125
Kennedy, Patrick J. 9, 11f, 37, *11*
Kennedy, Robert Francis 36, 45f, 48f, 52, 55, 68, 87f, 90,

94f, 105f, 110, 113, 115, 121, 124, 126f, 137f, *24/25*, *68/69*, 87
Kennedy, Rose Fitzgerald 7, 13f, 19, 24f, 36, 44, 46, *16*, *68/69*
Kennedy, Rosemary 18, *16*, *24/25*
Kersten, Charles 41f
Keynes, John Maynard 110
King, Coretta 68
King, Martin Luther 67f, 109, 112f, 116, 119, 138, *113*
Kipling, Rudyard 80
Kissinger, Henry Alfred 62, 66
Knebel, Fletcher 46
Krock, Arthur 23, 27

Laski, Harold 21
Lattimore, Owen 41
Lawford, Patricia 36, 40, *24/25*, *68/69*
Lawford, Peter 70, *68/69*
Leigh, Janet 123
Lerner, Alan Jay 121
Levison, Stanley 113
Lin Piao 73, 78
Lincoln, Abraham 10, 82, 119, 139
Lodge, Henry Cabot 44, 46, 96
Loewe, Frederick 121
Luce, Henry Robinson 23, 27, 41

Macmillan, Harold 109
Mailer, Norman 121
Malraux, André (André Berger) 121
Mansfield, Jayne 122
Mansfield, Mike 95
Mao Tse-tung 41, 78, 93, 110
Marcantonio, Vito 41
Mark Twain (Samuel Langhorne Clemens) 12
Marshall, George Catlett 52
Martin, Dean (Dino Crocetti) 70
Marx, Karl 77
McCarthy, Joseph R. 40f, 46, 51f, 95, *53*
McKinley, William 70
McMahon, Patrick 33
McNamara, Robert Strange 79, 95, 98, 109, 121, *79*
Meredith, James 99, 115f, 119
Meyer, Cord 125
Mikojan, Anastas I. 108
Miller, Arthur 70
Milton, Peter, Lord Fitzwilliam 44
Mitchell, Oscar 67

Monroe, James 105
Monroe, Marilyn (Norma Jean Baker) 123, *123*
Mulkern, Patsy 38

Ngo Dinh Diem 92, 96, *91*
Nhu 96
Niebuhr, Reinhold 70
Nixon, Richard Milhous 40, 42, 57f, 61, 62, 66f, 84f, 95, *66*, *71*
Novak, Kim 123

O'Connor, William, Erzbischof 14
O'Donnell, Kenneth 126
Oppenheimer, J. Robert 51
Orwell, George 39, 130, 132
Oswald, June Lee 131
Oswald, Lee Harvey 89, 115, 130f, 136f, *133*
Oswald, Marguerite 130
Oswald, Marina 131f

Parks, Rosa 112
Pauling, Linus 70
Philip, Prinz, Herzog von Edinburgh *120*
Pierce, Charles 82
Pinchot, Mary 125
Poe, Edgar Allan 56
Presley, Elvis 59, 98f
Profumo, John Dennis 123
Prusakowa, Marina s. u. Marina Oswald

Ramsey, Norman F. 139
Rankin, John 40
Reagan, Ronald W. 40, 50, 124, 139
Rice-Davies, Mandy 123
Reuther, Walter 57
Rio, Blanco 88
Robertson, Cliff 34
Rockefeller, Nelson Aldrich 62, 137
Romney, George 125
Roosevelt, Eleanor 50, 67
Roosevelt, Franklin Delano 21f, 26, 29f, 40, 50, 52, 64, 80f, 84, 98, 139, *23*
Roosevelt, Theodore 70
Roselli, Johnny 88, 124, 137
Rostow, Walt Whitman 62, 77f, 93, 121
Ruby, Jack (Jacob Rubinstein) 133f, *133*
Rusk, Dean 95
Russo, Joseph 36

Samuelson, Paul 62
Schlesinger, Arthur M., Jr. 50, 56, 61f, 64f, 80, 119, 121, 135

159

Schmidt, Helmut 80
Schweiker, Richard 137
Seeger, Alan 44
Shaw, Clay 137
Shriver, Eunice 36, 39f, 55, *24/25*, *68/69*
Shriver, Sargent 99, *68/69*
Sinatra, Frank 70, 121, 123f
Smathers, George 40
Smith, Al 62
Smith, Howard K. 136
Smith, Jean 36, *24/25*, *68/69*
Smith, Stephen *68/69*
Somoza, León 86
Sorensen, Theodore 48, 54, 56f, 62, 121, *51*
Spengler, Oswald 94
Spock, Benjamin 121

Stalin, Josef (Iosif V. Džugaš-vili) 21, 40
Steinbeck, John 70
Stevenson, Adlai Ewing 42, 57f, 61, 63, 69, 121, 126
Strawinsky, Igor 70, 121
Suvanna Phuma 90
Swanson, Gloria 15
Symington, Stuart 73

Taft, Robert Alphonso 40, 46, 61
Taylor, Elizabeth 123
Taylor, Maxwell Davenport 87, 90, 95f, *89*
Thich Quang Duc 96
Thurmond, Strom 116
Till, Emmett 112
Tillich, Paul 70

Tippitt, J. D. 129f, 132
Truman, Harry S. 41, 52, 57, 72, 80, 120
Tschiang Kai-schek 41
Tuchman, Barbara 105

Vo Nguyen Giap 78

Walker, Edwin A. 115, 132
Warren, Earl 112, 136, *135*
Washington, George 70
Wiesner, Jerome 62
Williams, Tennessee 70
Willy, Wilford 7
Wilson, Woodrow 64, 80
Wofford, Harris 115

Zapruder, Abraham 134

Über den Autor

Alan Posener, Jahrgang 1949, ist in England, Malaysia und Deutschland auf-gewachsen und lebt als Schriftsteller und Übersetzer in Berlin. In der Reihe «rowohlts monographien» erschienen von Alan Posener die Bände über John Len-non (1987), Elvis Presley (mit Maria Posener, 1992) und William Shakespeare (1995).

Quellennachweis der Abbildungen

U.S. Information Service, Bonn: 6, 51, 58, 66, 74, 79, 83, 87, 89, 105, 113, 122, 135
Illustrated London News, 10. Mai 1851 (New York Public Library, picture collec-tion): 8
John F. Kennedy Library, Boston: 11, 16, 17, 19, 20, 24/25 (© Dorothy Wilding), 40, 54 (© Harper & Row, New York), 99
Aus: Triumph und Tragödie. Hg. von Sidney C. Moody. Hamburg 1968: 12
dpa Hamburg, Bildarchiv: 14, 49, 53, 60, 71, 76, 81, 85, 91 li., 91 re., 94, 101, 106, 111, 123 re., 129, 133, 138
Associated Press, Frankfurt a. M.: 23, 37, 118
Pictorial Parade, New York: 29
Aus: Robert J. Donovan: Kennedy auf PT 109. München 1962: 31, 32
Ullstein Bilderdienst, Berlin: 43, 96, 103
Yale Joel, LIFE Magazine © Time Warner Inc.: 45
Bilderdienst Süddeutscher Verlag, München: 65, 68/69
Flip Schulke, Miami: 117
Aus: John F. Kennedy. Offenburg o. J.: 120
AP/Wide World Photos, New York: 123 li.
Aus: Urs Schwarz: John Fitzgerald Kennedy. 1917–1963. Luzern, Frankfurt a. M. 1964: 127